R. Chitarrini
V. Porta
A. Tancredi
S. Tresin

i Nodi del Tempo

Quaderno delle Competenze

Lattes

Coordinamento redazionale
Mariangela Griffa, Raffaella Perinetti

Redazione
Elisa Favro, Silvia Grilli

Progetto grafico
Elena De Bernardin

Copertina
Gandini & Rendina (Milano)

Impaginazione
Marco Mirko Quartesan

Carte
Studio Lauti (Bologna)

Ricerca iconografica
Liliana Maiorano

Coordinamento prestampa
Gianni Dusio

Referenze iconografiche
Archivio Lattes, Archivio SEI, iStockphoto, TipsImages, Shutterstock

www.latteseditori.it
info@latteseditori.it

Prima edizione 2014

Stampato in Italia - Printed in Italy
per conto della casa editrice da
Vincenzo Bona SpA - Torino

ristampa	anno
3 4 5 6 7 8 9 10	15 16 17 18

PRESENTAZIONE

Nel Settembre del 2012 il Ministero dell'Istruzione, Università e Ricerca ha reso pubbliche le **Indicazioni Nazionali relative allo sviluppo delle competenze storiche**, articolate in **dieci traguardi**, da acquisire nel corso della scuola secondaria di primo grado.

Ma che cosa significa il termine "competenze"?
Acquisire una competenza vuole dire impossessarsi di un'abilità, di una capacità, di una conoscenza, che si può in seguito utilizzare in svariati ambiti.
Facciamo un paio di esempi.
Se io imparo a nuotare, continuerò a saperlo fare sia al mare, sia in piscina, o al lago, o, ancora, in un fiume.
Se, leggendo, imparo parole nuove, le potrò utilizzare scrivendo un tema, una lettera, un documento, o anche esprimendomi oralmente.

Così accade per lo studio. Se, per esempio, imparo a studiare la Storia individuando le informazioni principali, organizzandole in schemi e secondo criteri logici, rielaborandole con collegamenti e riflessioni personali, avrò acquisito non solo un metodo di studio, ma anche un'abilità, una competenza che sarò in grado di utilizzare in altre discipline o leggendo un giornale e qualsiasi altro documento.
In altre parole, acquisire competenze significa impossessarsi di importanti strumenti, che rimarranno nostri nel tempo.

Questo quaderno intende appunto aiutarti in questo percorso. Dopo una breve **Introduzione allo studio della Storia**, troverai infatti **attività specifiche articolate secondo le varie competenze**.
Al fondo, infine, troverai anche alcune **attività sul modello Invalsi**: esse ti forniranno un valido supporto per esercitarti a rispondere in tale tipo di questionario, che ti ritroverai a dover affrontare sia al termine dell'attuale ciclo di studi sia nelle scuole superiori.
Buon lavoro!

Gli autori

ATTIVITÀ PER IL RAGGIUNGIMENTO DELLE COMPETENZE DI AMBITO STORICO

Traguardi per lo sviluppo delle competenze al termine della Scuola Secondaria di Primo Grado, secondo le Indicazioni Nazionali (4 settembre 2012)

1. L'alunno si informa in modo autonomo su fatti e problemi storici anche mediante l'uso di risorse digitali.
2. Produce informazioni storiche con fonti di vario genere – anche digitali – e le sa organizzare in testi.
3. Comprende testi storici e li sa rielaborare con un personale metodo di studio.
4. Espone oralmente e con scritture – anche digitali – le conoscenze storiche acquisite operando collegamenti e argomentando le proprie riflessioni.
5. Usa le conoscenze e le abilità per orientarsi nella complessità del presente, comprende opinioni e culture diverse, capisce i problemi fondamentali del mondo contemporaneo.
6. Comprende aspetti, processi e avvenimenti fondamentali della storia italiana dalle forme di insediamento e di potere medievali alla formazione dello Stato unitario fino alla nascita della Repubblica, anche con possibilità di aperture e confronti con il mondo antico.
7. Conosce aspetti e processi fondamentali della storia europea medievale, moderna e contemporanea, anche con possibilità di aperture e confronti con il mondo antico.
8. Conosce aspetti e processi fondamentali della storia mondiale, dalla civilizzazione neolitica alla Rivoluzione industriale, alla globalizzazione.
9. Conosce aspetti e processi essenziali della storia del suo ambiente.
10. Conosce aspetti del patrimonio culturale, italiano e dell'umanità e li sa mettere in relazione con i fenomeni storici studiati.

INTRODUZIONE ALLO STUDIO DELLA STORIA

1 Che cos'è la Storia?

Solitamente le ragazze e i ragazzi come voi rispondono che è l'insieme degli avvenimenti passati. Si tratta, però, di una spiegazione insufficiente. Osservate lo schema:

Possiamo dunque rispondere che la Storia è un **insieme di componenti variabili, collegate fra loro**. Le **componenti** (che, cioè, compongono la Storia) sono tutte quelle che compaiono nello schema: eventi, economia, cultura, innovazioni tecnologiche, scoperte scientifiche, società, istituzioni politiche, usi e costumi, religione. Esse sono **variabili**, perché cambiano con lo scorrere del tempo e inoltre sono **collegate tra loro**, poiché, nel momento in cui se ne modifica una, mutano anche tutte le altre.

Ricordate le differenze tra Paleolitico e Neolitico durante la Preistoria? A un certo punto l'Uomo si rende conto che ha la possibilità di coltivare e allevare; quindi, poiché non ha più bisogno di basare la sua sopravvivenza sulla caccia e sulla ricerca di frutti spontanei, si ferma in un determinato luogo: si trasforma, cioè, da nomade in sedentario. Ma questo significa che iniziano a formarsi i primi villaggi e, con essi, nasce la divisione del lavoro; in una comunità, infatti, c'è bisogno di chi coltivi i campi, di chi produca le suppellettili di ceramica, o i cesti, o gli attrezzi per l'agricoltura, di chi si occupi della difesa, e poi ancora dei sacerdoti, di un re, degli aiutanti del re e così via.

Anche la condizione della donna si modifica: inizialmente era un essere quasi da venerare, poiché conteneva in sé il mistero della vita; successivamente la sua esistenza viene a legarsi sempre più alla casa e ai figli e, di conseguenza, la sua libertà e la sua importanza sociale ne risultano fortemente limitate.

Si può quindi osservare come un cambiamento nell'**economia** (nascita dell'agricoltura e dell'allevamento) abbia significato un mutamento anche nella **società** (divisione del lavoro e quindi nascita di gruppi sociali più o meno potenti), nella **politica** (nascita della monarchia), negli **usi** e nei **costumi** (condizione di vita stabile) e così via.

2 La Storia è statica o dinamica?

La Storia è ferma, statica, cioè sempre uguale a se stessa, oppure cambia in continuazione? Ovviamente **è dinamica**, poiché è in continuo mutamento. Ogni periodo storico è come un anello di una catena, saldamente collegato a quello che lo precede e a quello che lo segue. Dunque è **conseguenza** di quello precedente e contemporaneamente **causa** del seguente.
Quindi le condizioni per cui un evento si verifica, maturano nel tempo. Neanche una rivoluzione, come apparentemente potrebbe sembrare, scoppia improvvisamente: i motivi che la rendono possibile nascono e si rafforzano nei periodi precedenti.

3 A che cosa serve studiare la Storia?

Il **desiderio di conoscere** fa parte dell'uomo stesso, sin dalla sua nascita: se così non fosse saremmo ancora ai tempi delle caverne. E conoscere ciò che ci ha preceduto e che ci ha permesso di vivere come facciamo, dà senso e continuità alla nostra vita. Inoltre lo studio della Storia serve a **capire il presente**, ovvero il mondo in cui viviamo; il passato infatti è lo strumento che ci permette di interpretare ciò che ci accade e, quindi, di avere idee nostre: se non si conosce, per esempio, che cos'è la democrazia, quando è nata, perché, per volontà di chi, che cosa c'era prima e così via, come si può sapere se è una cosa positiva o no? Come si fa ad avere una propria idea in proposito? Infine, conoscendo il passato è più facile **evitare gli errori commessi in precedenza**. Secondo un noto modo di dire, *chi non conosce la Storia è condannato a riviverla*. In altre parole, essa deve essere intesa come una maestra di vita (*magistra vitae*, dicevano i Latini), che consiglia e orienta le scelte degli uomini in previsione del futuro.

Esempi di documenti scritti e non scritti.

4 La Storia può essere considerata una scienza?

Sapete che si chiamano scientifiche quelle discipline che si avvalgono della ricerca e della sperimentazione. La parola "Storia" deriva dal greco "*Historía*" e significa appunto "ricerca", "indagine". Ma ricerca di che cosa? Dei documenti, delle fonti che servono a ricostruire e interpretare il passato.
Essi possono essere essenzialmente di due tipi: **scritti** e **non scritti**.
Le **fonti**, a loro volta, si distinguono ancora in:

- **primarie** o **dirette** se testimoniano direttamente un evento come, ad esempio, alcuni oggetti o documenti antichi, che si trovano durante gli scavi o durante le ricerche nelle biblioteche;
- **secondarie** o **indirette**, quando forniscono una testimonianza mediata da altri (per esempio, da uno scrittore che riporta parole e ricordi altrui).

Quindi, poiché si basa sui documenti, ovvero su prove oggettive e verificabili, **la Storia può essere considerata una scienza**.

5 Qual è il compito dello storico?

Lo storico deve **cercare i documenti, interpretarli, metterli in ordine, organizzarli**, paragonarli fra loro e **spiegarli**, inserendoli in **contesti più ampi**. Per fare questo si avvale dell'aiuto di altre scienze: vediamo le principali.

> L'**archeologia** ricostruisce le civiltà antiche attraverso lo studio di monumenti, iscrizioni, oggetti (i cosiddetti reperti archeologici) venuti alla luce negli scavi.
> La **geologia** studia la struttura e l'evoluzione della crosta terrestre.
> L'**antropologia** si occupa degli aspetti naturali, culturali e sociali dei popoli.
> La **numismatica** esamina monete, medaglie e sigilli di ogni epoca e Paese.
> La **paleografia** analizza i vari tipi di scrittura antica.
> L'**epigrafia** studia le incisioni su pietra, metallo, terracotta…
> La **paleontologia** classifica i fossili animali e vegetali.

Archeologi al lavoro.

6 Che cosa è la cronologia?

La vita di ciascuno di noi si svolge secondo un ben preciso **ordine di tempo**, ovvero secondo un **ordine cronologico** (*chrónos* in greco significa *tempo*). Anche in Storia la successione dei fatti è fondamentale e solitamente si misura in **secoli** (100 anni) o in **millenni** (1.000 anni). I **secoli** sono di preferenza espressi con i **numeri romani**. Per collocare cronologicamente i fatti è necessario stabilire una data da cui partire.

> Il **mondo occidentale** computa il tempo dalla nascita di Cristo. Pertanto tutto ciò che è avvenuto prima della nascita di Cristo è datato a.C. (avanti Cristo), mentre gli avvenimenti successivi sono datati d.C. (dopo Cristo). Gli anni a.C., per giungere alla nascita di Cristo, devono decrescere. Inversamente fanno quelli d.C., che invece aumentano.
> Gli **Ebrei** nelle datazioni partono dall'anno in cui secondo la tradizione è avvenuta la creazione del mondo, corrispondente al 3760 a.C.
> Per i **Musulmani** il computo del tempo inizia dal 622, anno in cui Maometto dovette emigrare da La Mecca verso Medina (*Egira*).

La prima grande divisione è quella tra **Preistoria** e **Storia**.
Solitamente la prima si fa iniziare dall'età in cui l'uomo creò e usò i primi strumenti di pietra, che gli consentirono di trasmettere ai successori delle conoscenze, attorno a **due milioni di anni fa**. Il passaggio dalla Preistoria alla **Storia** è segnato dalla scoperta della scrittura, contemporanea alla nascita delle prime città.
La **Storia**, a sua volta, è normalmente suddivisa dagli storici in **quattro età**, ciascuna delle quali è delimitata da avvenimenti ritenuti fondamentali:

> **Antica** dagli inizi fino al **476 d.C.** (caduta dell'Impero Romano d'Occidente);
> **Medievale** dal **476** al **1492** (scoperta dell'America);
> **Moderna** dal **1492** al **1789** (inizio della Rivoluzione Francese);
> **Contemporanea** dal **1789** al giorno d'oggi.

COMPETENZA 2

PRODURRE INFORMAZIONI STORICHE CON FONTI DI VARIO GENERE - ANCHE DIGITALI - E ORGANIZZARLE IN TESTI

Per questa competenza puoi utilizzare anche le attività 1, 2 della COMPETENZA 10

1. Utilizzare cartine e grafici

per il I anno

Le cartine

Come hai potuto notare, spesso i testi di Storia contengono, a completamento del testo, cartine e grafici: saperli interpretare può costituire un prezioso aiuto per visualizzare immediatamente determinati dati o contenuti, per poi memorizzarli facilmente e in breve tempo.

Iniziamo dalle cartine.

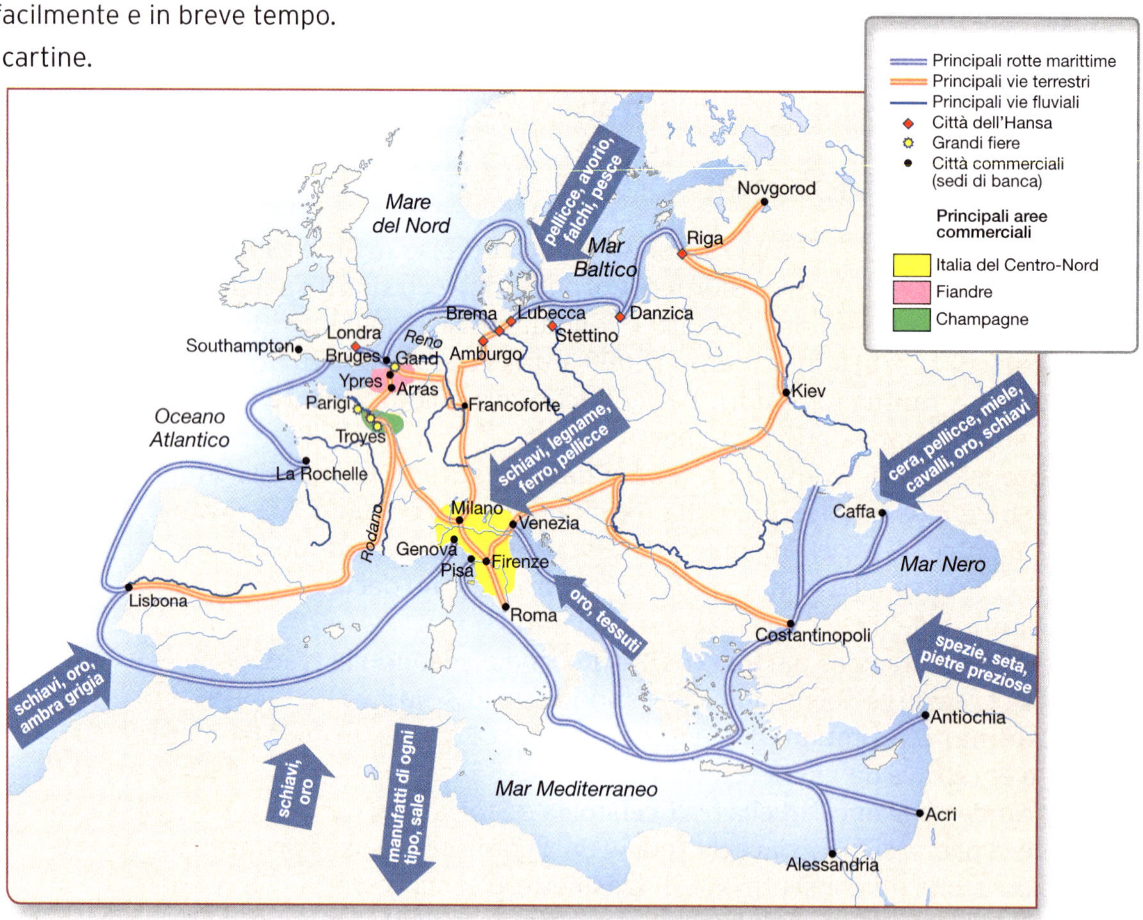

Le rotte commerciali nel XIII secolo.

Si tratta di una cartina storica che rappresenta l'Europa con parecchi tracciati colorati.

Leggiamo innanzitutto la **didascalia**, ovvero la spiegazione della cartina stessa, riportata sotto (ma talora anche a fianco). Il termine didascalia deriva dal greco *didasco*, ovvero insegno: si tratta infatti della spiegazione del contenuto dell'illustrazione (foto, disegno, immagini varie). Qui la didascalia dice: "Le rotte commerciali europee nel XIII secolo". Questo è l'argomento riassunto e visualizzato dalla cartina stessa.

Adesso passiamo alla **legenda** (attenzione, con una "g" sola!), ovvero a quei "disegnini", in questo caso linee, cerchietti e quadratini, che spiegano i simboli utilizzati nella cartina. Come vedi, le doppie linee blu indicano le principali rotte marittime, le doppie linee arancio sono le principali vie terrestri, le linee blu semplici indicano le principali vie fluviali. I quadratini rossi indicano le città della Lega Anseatica, i pallini gialli le città che erano sedi di grandi fiere, i pallini neri le città commerciali sedi di banche.

Se dovessimo spiegare a voce quanto è rappresentato nella cartina, dovremmo dire:

I commerci marittimi avvenivano fra le città costiere sedi di grandi porti: Riga, Danzica, Lubecca sul Mar Baltico; Bruges e Londra sul Mare del Nord; Southampton, la Rochelle, Lisbona sull'Atlantico; Venezia, Genova, Pisa, Alessandria (Egitto), Acri, Antiochia, Costantinopoli sul Mar Mediterraneo e sul Mar Nero, Caffa sul Mar Nero.

I commerci via terra facevano capo a città nell'Europa nord-orientale come Novgorod, Riga, Kiev e giungevano verso sud a Venezia, Milano, Firenze, Roma, per arrivare fino a Costantinopoli; nell'Europa centrale interessavano città come Francoforte e Amburgo; a ovest toccavano Parigi e, nella Penisola Iberica, Lisbona, sull'Atlantico.

Le principali vie fluviali, cioè i fiumi navigabili, erano, da oriente a occidente: il Dnepr, l'Oder, l'Elba, il Danubio, il Reno, il Rodano, la Loira, la Garonna e il Tago, che sfocia nell'Atlantico portoghese.

Le più importanti città della Lega dell'Hansa erano: Riga, Danzica, Marienburg, Torun, Stettino, Lubecca, Amburgo, Brema e Londra.

Grandi fiere si svolgevano a: Gand, Parigi, Provins, Troyes, Bar-sur-Aube (tutte in Europa centro-occidentale).

Le città commerciali sedi di banche erano: Novgorod, Kiev, Bruges e Ypres (nell'attuale Belgio), Arras, Lagny, La Rochelle (in Francia), Southampton, Lisbona, Genova, Milano, Venezia, Firenze, Pisa, Roma, e, in Oriente, Alessandria, Acri, Antiochia, Costantinopoli, Caffa.

Le principali aree commerciali erano a Nord delle Fiandre, in Francia nella regione della Champagne e nell'Italia del Centro-nord. Dal Nord giungevano merci quali pellicce, avorio, falchi, pesce, legname e ferro. Dal Sud (Africa) arrivavano: schiavi, oro, ambra grigia; verso Sud erano esportati manufatti di ogni tipo e sale. Dall'Oriente giungevano oro, tessuti, spezie, pietre preziose, cera, pellicce, miele, cavalli, schiavi.

Un discorso senz'altro completo e corretto, ma piuttosto lungo. Con la cartina, invece, il testo ti ha fornito le stesse informazioni, che però tu puoi cogliere con un unico colpo d'occhio. Starà poi a te "tradurre", durante l'interrogazione, l'illustrazione in una serie di parole (ti consigliamo di fare prima parecchie prove a casa, fino a quando la tua esposizione scorrerà senza intoppi). Inizia a provare con la cartina seguente.

Le Repubbliche marinare. Le rotte e i domini di Venezia, Genova, Pisa e Amalfi. Sotto, una veduta di Venezia oggi.

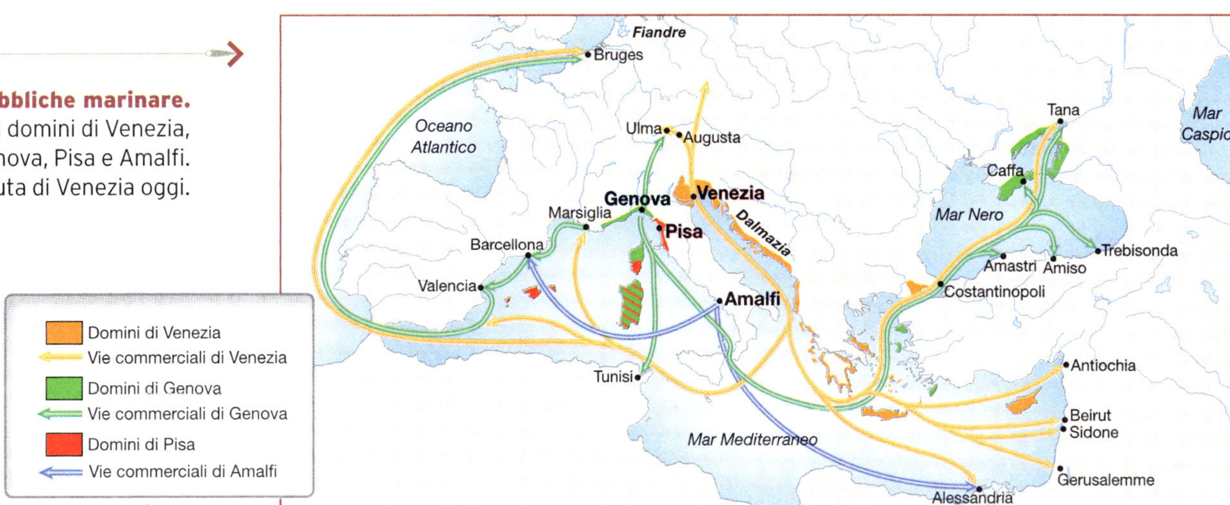

La didascalia dice: "Le Repubbliche marinare". Ora spostati sulla legenda: guardala bene e prova a produrre sul quaderno un testo relativo all'argomento.

I grafici

Più o meno le medesime cose possono essere dette a proposito dei grafici: anche qui, infatti, ti viene offerta la possibilità di osservare con un unico colpo d'occhio determinati fenomeni.

Come hai visto nel capitolo relativo alla rivoluzione agricola, a partire dal '700 d.C., ma soprattutto attorno all'anno Mille, la popolazione in Europa andò progressivamente aumentando, per giungere all'inizio del XIV secolo alla cifra maggiore di tutto il Medioevo. Ecco come è possibile sintetizzare questi dati con un grafico.

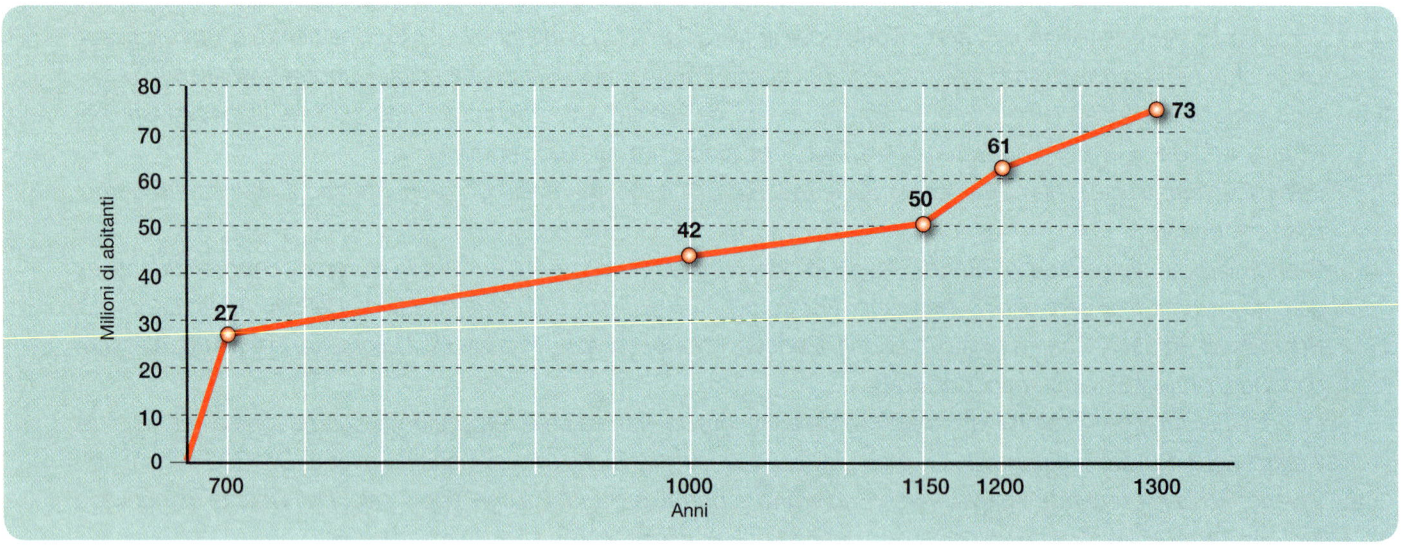

In questo caso il **grafico** è di tipo **cartesiano**: sull'asse delle ascisse (ovvero la linea orizzontale) sono segnati gli anni. Sull'asse delle ordinate (linea verticale), invece, è riportata la quantità di popolazione espressa in milioni di abitanti. Nell'intersezione delle due coordinate sono segnati dei punti, che vengono poi collegati tra loro da una linea. Nel nostro caso è così immediatamente visibile che dai 27 milioni di abitanti nell'Europa del 700 d.C. si arrivò ai 42 nell'anno Mille e poi, progressivamente, ai 50 attorno al 1150, ai 61 milioni nel Duecento e ai 73 nel Trecento.

Naturalmente ci sono anche altri tipi di grafici; per esempio l'**istogramma** e l'**areogramma** (o grafico "a torta").

Ecco come gli stessi dati relativi all'incremento demografico possono essere visualizzati con un **istogramma**.

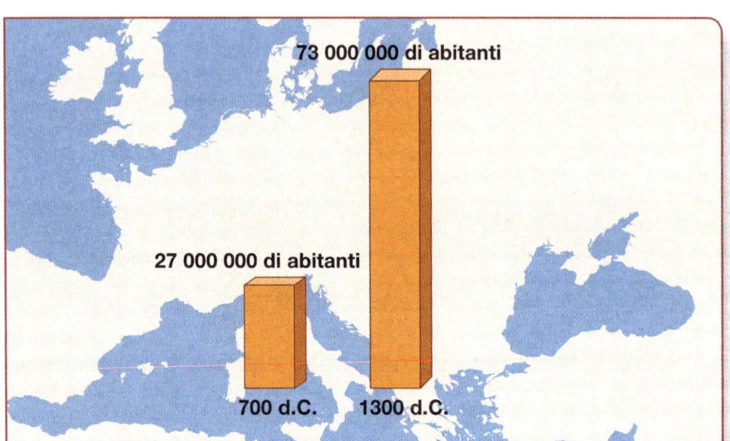

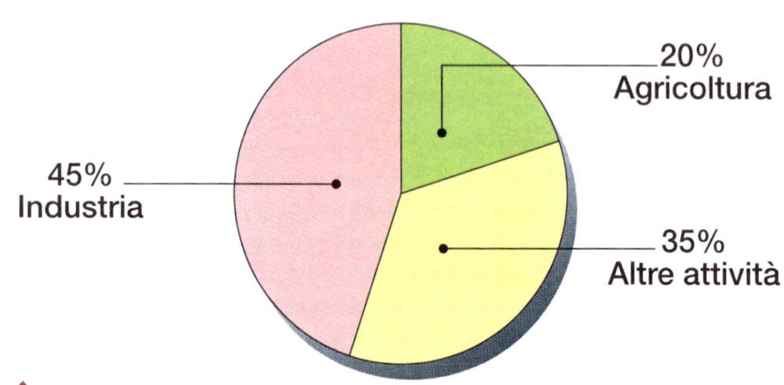

L'**areogramma**, invece, è molto usato per rappresentare, come nell'esempio, un insieme (la "torta") e le sue suddivisioni (le "fette" della "torta"); nel nostro caso la diversa importanza delle forme di attività economica in un dato Paese.

Ora prova tu: guarda con attenzione i grafici seguenti e per ciascuno scrivi un breve testo relativo.

I grafico

II grafico

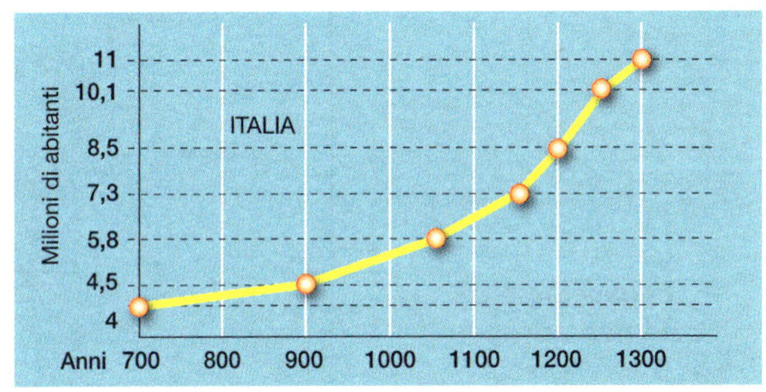

III grafico

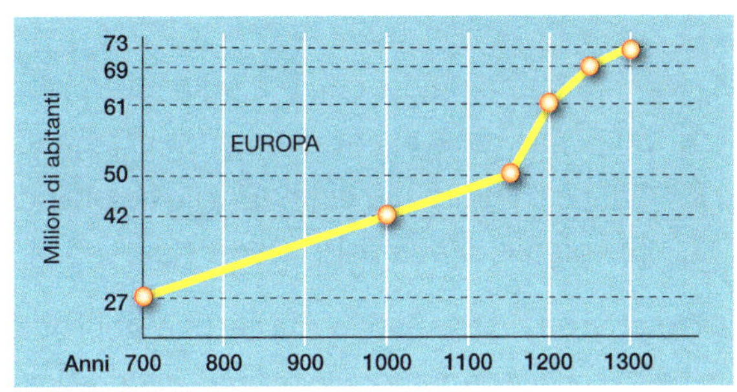

La linea del tempo

All'inizio di ogni Parte e di ogni Unità del tuo libro di Storia c'è, come avrai già visto, la **linea del tempo**: non si tratta né di una cartina, né di un grafico, ma è pur sempre una rappresentazione grafica (cioè disegnata) che si riferisce alla cronologia, ovvero all'ordine temporale in cui sono accaduti gli eventi.

Può naturalmente succedere che due o più eventi avvengano nello stesso periodo; questa contemporaneità rischia però di non essere colta, poiché in un libro si tratta prima un argomento, poi un altro, poi un altro ancora e così via. C'è dunque il rischio di avere una visione cronologicamente errata dell'insieme.

La linea del tempo in questo ti aiuta: ti offre infatti la possibilità di visualizzare sia gli avvenimenti successivi, che avvengono in sequenza, in modo diacronico (*día* = attraverso, *crónos* = tempo), sia quelli che accadono contemporaneamente, ovvero in modo sincronico (*sýn* = insieme).

Utilizzando le **risorse digitali** legate al testo, prova a costruire una linea del tempo più dettagliata, dedicata al periodo compreso tra il 100 d.C. e il 1200 d.C.

2. Utilizzare cartine e grafici

per il II anno

Le cartine

Torniamo alla lettura delle **cartine**. Osserva attentamente quella che segue e presta molta attenzione alla didascalia e alla legenda, che si serve in questo caso di rettangolini colorati. Che cosa se ne deduce?

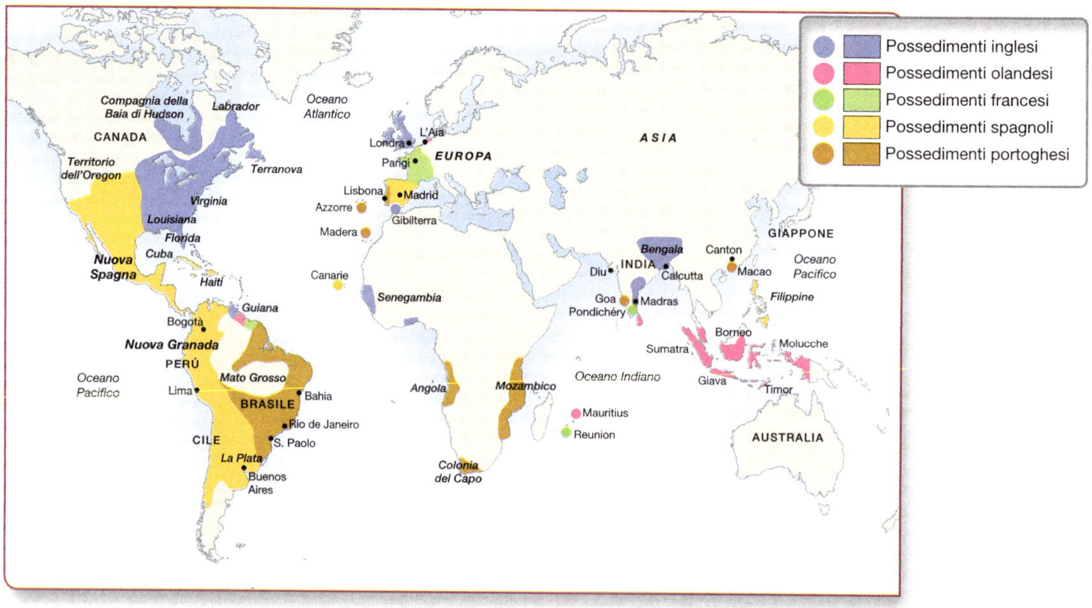

I possedimenti coloniali europei tra XVII e XVIII secolo.

Ti forniamo una guida, che ti aiuti a interpretare la cartina.

1. Che cosa rappresenta? (guarda la legenda)
2. Qual è il colore più esteso? Alle colonie di quale Paese corrisponde? Dove si trovano tali colonie?
3. Le colonie di quali altri Paesi seguono per estensione? Dove si trovano?

Ora scrivi un testo relativo alla cartina: puoi utilizzare sia il criterio dell'estensione (dalle colonie più estese a quelle meno estese) sia quello della collocazione geografica (prima l'America settentrionale e centrale, poi quella meridionale, poi...).

Tra il XVII e il XVIII secolo molti Paesi europei risultavano in possesso di colonie, in America, Africa e Sud-est asiatico.

....

....

....

....

....

....

....

Come sai, anche la lettura e l'interpretazione dei **grafici** è fondamentale per acquisire con maggiore immediatezza il contenuto di ciò che è rappresentato e, quindi, per completare l'argomento di trattazione. Presta attenzione al grafico che ti proponiamo qui di seguito, relativo alla variazione di percentuale della popolazione italiana dalla prima metà del Seicento (periodo funestato da varie pestilenze che ridussero drasticamente la popolazione, soprattutto nell'Italia settentrionale) fino al XVIII secolo.

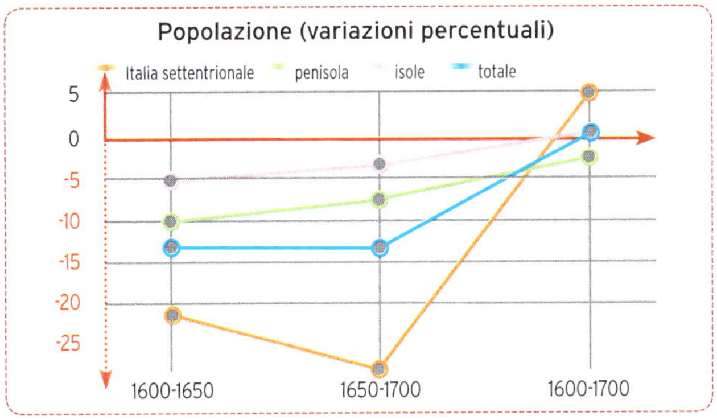

I grafici

Guarda la legenda: ci sono quattro linee colorate; tre colori corrispondono a tre diverse aree della nostra penisola, il quarto rappresenta il totale dell'intera penisola.
Ora spostati sul grafico: qual è l'andamento della popolazione dell'Italia settentrionale tra la prima e la seconda metà del Seicento? E che cosa accade verso il 1700? Fai le stesse operazioni con le altre aree.

Scrivi ora un breve testo relativo a quanto appreso dal grafico.

Tra il 1600 e il 1650 assistiamo a ....

....

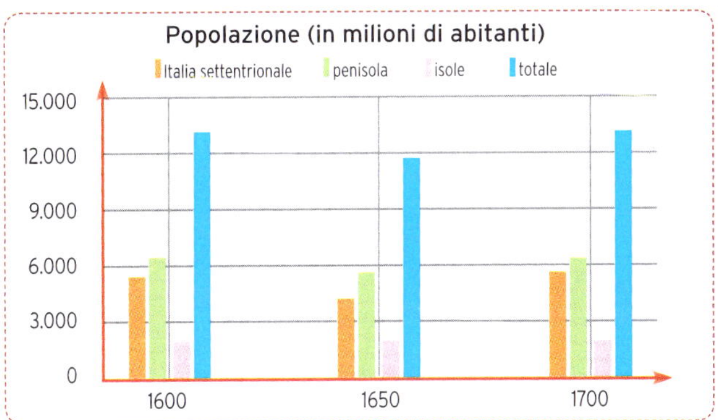

Osserva adesso questo istogramma, che si riferisce alla popolazione dell'Italia, suddivisa nelle varie aree, durante il medesimo periodo: si possono dedurre gli stessi dati?

....

....

....

....

....

Prova anche in questo caso a scrivere un breve testo. Si tratta di un discorso simile al precedente?

....

....

....

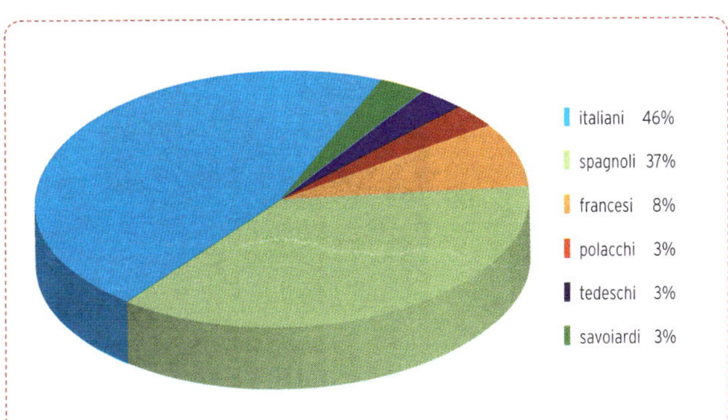

Eccoti ora un grafico a torta (o areogramma), che si riferisce alle percentuali, indicate per nazionalità, di nuovi santi proclamati dalla Chiesa durante il periodo della Controriforma, allo scopo di evidenziare la propria potenza e superiorità morale.

Dopo aver analizzato la legenda, guarda il grafico: scrivi quindi un breve testo che commenti il grafico.

....

....

....

3. Leggere le caricature e le vignette satiriche

per il II anno

Oltre a imparare a "leggere" documenti scritti e non scritti, è necessario saper interpretare due altri tipi di fonti storiche, meno usuali, ma non per questo meno interessanti e significative: la caricatura e la vignetta satirica.
Le loro origini sono molto antiche: si sono ritrovate caricature e vignette di chiaro contenuto satirico nell'antico Egitto e nella Grecia classica; nel Medioevo sono state create numerose miniature grottesche, ma la caricatura moderna, che viene spesso utilizzata anche oggi, ha cominciato a delinearsi in Europa con Leonardo da Vinci ed i suoi disegni di teste grottesche.
Ma che cos'è la caricatura? Si tratta della rappresentazione di una persona o di una situazione in modo esagerato per renderla ridicola o per accentuarne i difetti.
Quando si fa la caricatura di un personaggio pubblico o di potere, essa diventa uno dei mezzi per criticarne l'operato e per rilevarne le debolezze, in modo leggero e accettabile perché divertente.
Quando invece si tratta di situazioni o avvenimenti storici particolarmente importanti, la caricatura e la vignetta satirica hanno il compito di informare, indurre alla riflessione, far capire alla gente, in modo più immediato, quello che sta avvenendo o quello che è avvenuto.
Per leggere una vignetta satirica occorre conoscere però alcune cose:

1. il periodo storico a cui si riferisce;
2. di quale argomento si tratta o di quale personaggio;
3. il rapporto fra ciò che viene messo in ridicolo e la realtà dei fatti storici;
4. le finalità della vignetta.

Ti presentiamo una vignetta in cui compare la caricatura di un personaggio ben noto: Napoleone. Impariamo insieme a leggerla.
Periodo storico: fine del Settecento inizio dell'Ottocento.
Argomento: Napoleone valica le Alpi nella Campagna d'Italia.
In questo caso è stato preso come base per la caricatura il famoso ritratto di Napoleone di Jacques Louis David, che celebra il passaggio delle Alpi al Gran San Bernardo e che vedi a fianco.

Nel dipinto originale Bonaparte ha sulle spalle un ampio mantello svolazzante; nella caricatura porta, invece, un sacco pieno di tesori d'arte e di oggetti preziosi.
Lo scopo della caricatura è quello di denunciare l'operato di Napoleone che, venuto in Italia, dopo aver vinto la sua campagna militare, portò via dalla Penisola una gran quantità di capolavori artistici.

Tenendo conto dei punti che ti abbiamo indicato per leggere correttamente questo tipo di documento, procedi ora all'analisi della prima vignetta satirica, relativa al periodo della Rivoluzione francese.

I personaggi della vignetta rappresentano rispettivamente:

1. ....
2. ....
3. ....

La vignetta si riferisce alla seguente realtà storica:

....

La finalità della vignetta è:

....

E ora deduci che cosa succede dopo la Rivoluzione, sempre secondo una vignetta satirica dell'epoca.

I personaggi rappresentano sempre i tre stati, con la stessa grafica e lo stesso stile della prima vignetta, ma come è cambiata la loro "posizione"?
Che titolo daresti a questa vignetta?

....

Quali indicazioni ti fornisce?

....

4. Utilizzare cartine e grafici

per il III anno

Le cartine

Produci un testo scritto a partire dalla seguente cartina, dopo averne osservato attentamente la legenda.

Quasi tutti i Paesi europei, alla vigilia della Prima Guerra Mondiale, erano schierati in alleanze diverse e contrapposte:

Facciamo ora l'esercizio inverso: noi ti forniamo una cartina con i nomi delle varie regioni italiane, tu, dopo aver letto molto attentamente il testo relativo alle lotte agrarie in Italia negli anni 1919 - 1920, colora le parti della cartina: naturalmente dovrai prima aver creato una legenda, costituita per esempio da rettangolini di tinte differenti. Per aiutarti abbiamo sottolineato le diverse forme di lotta, a cui devono corrispondere triangolini di differente colore.

Le lotte agrarie nel biennio '19-'20, acquistarono nel nostro Paese forme e modalità differenti: nella Toscana meridionale e nel Lazio, da Grosseto a Frosinone, ci furono vere e proprie occupazioni, che interessarono anche i territori dell'Italia meridionale, come le zone circostanti di Bari, Cosenza, Caltanissetta e Sassari. D'altro canto in gran parte della Pianura Padana, da Pavia al delta del Po, scoppiarono dure lotte di braccianti. Zone di lotta prevalentemente dei mezzadri furono invece la larga fascia che da Piacenza giungeva fino a nord di Grosseto, quindi fino a L'Aquila, per poi risalire lungo la costa adriatica, fino alla città di Ravenna. Gli affittuari scesero infine in lotta nel territorio di Bergamo e in una striscia dell'attuale Friuli, ai confini con il Veneto.

I grafici

Ora ti forniamo un grafico. Anche in questo caso dovrai riportare il contenuto del grafico in un testo scritto: presta attenzione al titolo, alle date poste sull'ascissa e al numero degli scioperanti posto invece sull'asse delle ordinate.

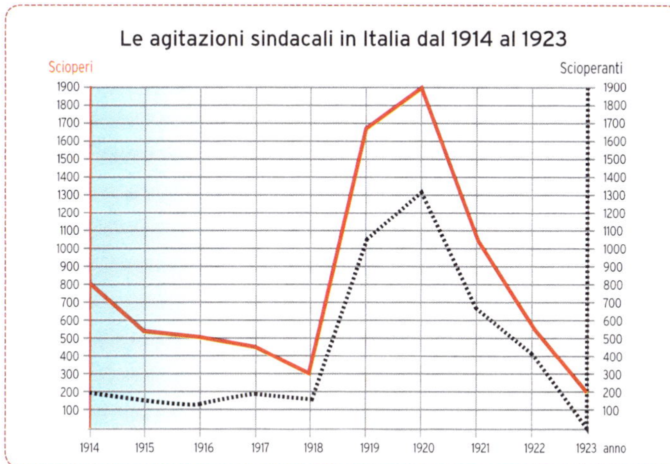

Eccoti infine una tabella relativa ai prezzi dei generi alimentari e dell'abbigliamento dal 1913 al 1920: con i dati forniti costruisci un grafico cartesiano in cui compaiano due linee di colori diversi (per gli alimentari e l'abbigliamento). Ti consigliamo di porre sull'asse delle ascisse gli anni e su quello delle ordinate gli altri dati.

anno	alimentari	abbigliamento
1913	100,0	100,0
1914	96,2	111,1
1915	104,6	118,6
1916	154,6	191,9
1917	221,9	355,5
1918	284,9	500,7
1919	326,6	594,4
1920	443,4	990,0
1921	464,1	671,3

(da Ortoleva Revelli, *La società contemporanea*, Milano, Mondadori 1985)

5. Leggere le caricature e le vignette satiriche

per il III anno

Come sai, la caricatura e la satira sono una potente arma di ridicolizzazione e quindi di critica nei confronti di personaggi o avvenimenti. Seguendo le istruzioni per leggere una vignetta caricaturale, che ti abbiamo fornito a *pag. 16*, proviamo ora a interpretare queste vignette, cogliendone anche il senso critico.

Iniziamo con questo manifesto satirico tedesco: dopo averlo osservato attentamente, rispondi alle domande.

Scegli il titolo più adatto alla vignetta.

a. L'amicizia tra Stati Uniti e Unione Sovietica.
b. La spartizione del mondo tra Stati Uniti e Unione Sovietica.
c. La corsa agli armamenti.

A quale periodo storico si riferisce?

a. La fine della Prima Guerra Mondiale.
b. L'inizio della Seconda Guerra Mondiale.
c. Dopo la fine della Seconda Guerra Mondiale.

Che cosa simboleggia la palla su cui sono seduti i due uomini?

a. Il mondo.
b. L'Unione Sovietica.
c. Gli Stati Uniti.

In che modo si atteggiano i due uomini?

a. Si deridono.
b. Si compatiscono.
c. Si ignorano.

Perché?

a. Sono pronti a dare inizio al reciproco attacco.
b. Vorrebbero riappacificarsi.
c. Si stupiscono dell'incontro.

Anche quello che segue è un manifesto satirico. Dopo aver letto la sigla sugli elmetti dei soldati, scegli, tra quelle proposte, quale critica esprime.

a. Contro l'entrata in guerra dell'Italia.

b. Contro le basi militari della Nato e degli Stati Uniti in Italia.

c. Contro il sovraffollamento delle coste italiane.

Spiegane ora il contenuto in un breve testo, ipotizzando anche il periodo in cui il manifesto può essere stato disegnato.

Ti proponiamo infine una vignetta del disegnatore satirico napoletano Mario Natangelo: tieni conto che il termine ricercatori si riferisce alla cosiddetta "fuga dei cervelli" che interessa il nostro Paese, cioè ai professionisti e alle persone con un elevato titolo di studio che, in mancanza di opportunità di lavoro in patria, si recano in altri Paesi alla ricerca di soddisfazioni professionali e giuste retribuzioni.

Commenta la vignetta.

6. Scrivere su un argomento storico

per il III anno

Ti potrà capitare nel corso dei tuoi studi di dover affrontare un tema a carattere storico. Il tema storico non può limitarsi a esporre i fatti, ma deve prendere in considerazione più aspetti. Vediamo quali.

a. Le cause reali e incidentali.

b. Gli eventi.

c. Le conseguenze immediate e future.

a. Qualsiasi evento storico è maturato nel tempo in seguito a tutta una serie di circostanze (cause reali), anche se in taluni casi pare la conseguenza di un fatto immediato e imprevedibile (causa incidentale). Come prima cosa è dunque opportuno riflettere sui "perché".

b. Se gli eventi sono molti, per evitare di compilare un noioso elenco è opportuno scegliere quelli più significativi. Si possono quindi trattare in modo cronologico (secondo l'ordine in cui sono accaduti), oppure in maniera logica, soprattutto se non si deve parlare di una serie di eventi successivi (come per esempio una guerra), ma di un fenomeno di vasta e lunga portata (per esempio, la Rivoluzione industriale).

c. Infine la trattazione delle conseguenze deve tener conto di quelle immediate, ma anche di quelle a media e lunga scadenza: in questo modo l'argomento preso in considerazione si inserisce in modo logico e organico all'interno di un processo storico.

Facciamo un esempio, utilizzando una scaletta.

Titolo: La Prima Guerra Mondiale.

Cause reali:
1. Competizione industriale tra Germania, Francia e Inghilterra.
2. Contrastanti interessi coloniali.
3. Desiderio della Francia di riottenere l'Alsazia e la Lorena.
4. Corsa agli armamenti da parte delle principali potenze europee.
5. Nazionalismi dei popoli.

Causa incidentale: Assassinio di Sarajevo.

Eventi in ordine cronologico:
1. 1914-1917: fronti occidentale, orientale, meridionale. Ingresso in guerra dell'Italia.
2. 1917: ritiro della Russia, entrata nel conflitto degli Stati Uniti.
3. Conclusione del conflitto e trattati di pace.

Conseguenze immediate:
1. Fine dei grandi imperi.
2. Nascita di nuovi Stati.
3. Nascita della Società delle Nazioni.

Conseguenze future:
1. Desiderio di rivincita della Germania: uno dei motivi dello scoppio della Seconda Guerra Mondiale.
2. Declino della supremazia europea nel mondo.

Se invece l'argomento richiesto è relativo a fenomeni non tanto legati all'ordine cronologico quanto a una fitta serie di cause e conseguenze, l'esposizione dovrà essere il più possibile logica.

Facciamo l'esempio della Prima Rivoluzione Industriale, utilizzando uno schema.

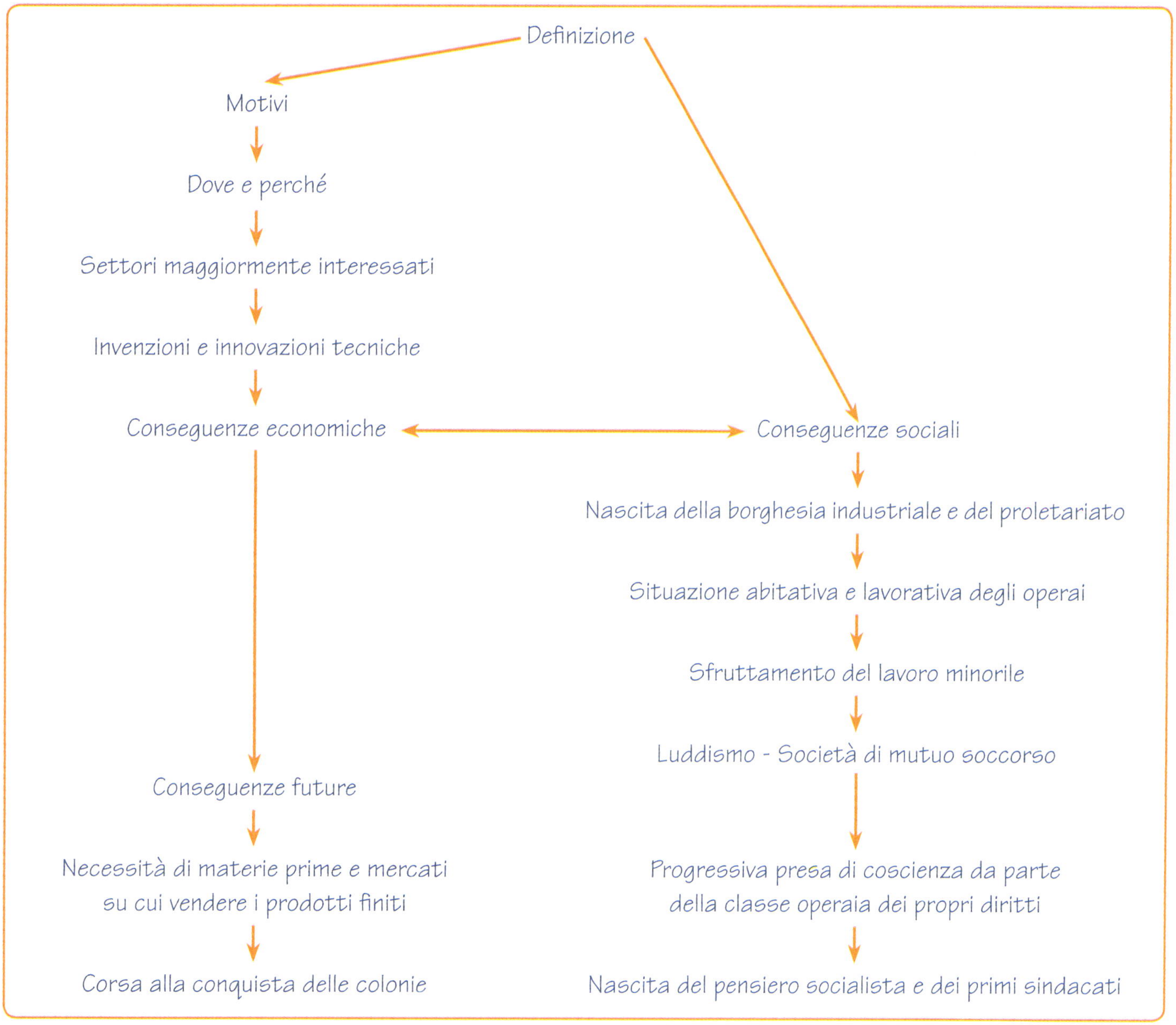

Adesso tocca a te.

- **Prendi in considerazione uno o più argomenti tra quelli proposti di seguito, oppure sceglìne uno tra quelli che conosci meglio.**
- **Scegli il tipo di trattazione.**
- **Dopo aver ripassato le parti su cui dovrai scrivere, creati uno schema.**
- **Procedi con la trattazione.**
- **Non dimenticare, alla fine, di rileggere attentamente il tutto.**

Argomenti proposti: la Rivoluzione russa, la crisi del '29, il fascismo, la Seconda Guerra Mondiale, i campi di sterminio.

COMPETENZA 3

COMPRENDERE TESTI STORICI E RIELABORARLI CON UN PERSONALE METODO DI STUDIO

Per questa competenza puoi utilizzare anche le attività 1, 2, 3 della COMPETENZA 4

1. Orientarsi nel testo

per il I anno

Di fronte a un paragrafo o a un capitolo di Storia (ma questo può valere per qualsiasi altra disciplina), la prima cosa da fare è formarsi un'idea generale dell'intero contenuto. A questo scopo ti serve una lettura esplorativa o di scorrimento: leggi bene i titoli e gli eventuali colonnini riassuntivi a lato; soffermati sulle parole evidenziate, scritte in neretto o in corsivo; guarda le eventuali cartine o illustrazioni o tabelle.
Proviamo subito a mettere in pratica quanto finora detto. Vai al *Volume 1, Parte 2, U3.4*, e procedi con una **lettura esplorativa**.
- Qual è il **titolo** del paragrafo e del sottoparagrafo?
- Quali sono le **parole evidenziate**?
- A che cosa si riferiscono le **illustrazioni**?
- Sintetizza adesso con poche parole il contenuto.
Adesso hai idea dell'argomento che dovrai studiare. Puoi passare alla fase successiva, ovvero alla lettura approfondita, che ti offrirà la possibilità di individuare le informazioni principali.

Leggi il tutto lentamente, cercando di concentrarti il più possibile, e individua i termini di cui non conosci il significato, per poterli andare a ricercare. All'interno del paragrafo ci sono parole a te sconosciute? Scrivile sul quaderno con accanto il loro significato.
Ora rileggi il testo, sottolineando le parti che reputi più importanti, senza le quali le informazioni sarebbero molto parziali se non addirittura incomprensibili.
L'esercizio è avviato.

> ***I Saraceni, "pirati" del Mediterraneo***
> *Con il termine Saraceni i popoli cristiani dell'Europa medievale indicavano, in modo generico, i Musulmani provenienti dall'Africa, che attaccavano con azioni di vera pirateria le navi cristiane in tutto il Mediterraneo, penetrando anche nella terraferma e devastando le città costiere.*
> *Nell'827 essi attaccarono e conquistarono la Sicilia, cacciando i Bizantini e ponendo nell'isola, da cui partivano per le loro scorrerie, le basi per il controllo su tutto il Mediterraneo. Iniziò così un periodo di vero terrore per le popolazioni delle coste europee, poiché i Saraceni ne rapivano gli abitanti, che venivano poi venduti come schiavi. Tuttavia, essi introdussero anche in Sicilia importanti innovazioni.*

Le informazioni sottolineate indicano i **concetti-chiave**, che dovrai assolutamente ricordare. Puoi scriverli sul tuo quaderno, per imprimerli meglio e ripassarli più facilmente. Rileggili più volte, fino a quando non sarai sicuro di averli acquisiti con sicurezza: ti consigliamo di esporli a voce alta, per accertarti d'essere in grado di ripeterli in modo fluido e senza intoppi.
Ora puoi occuparti anche delle informazioni secondarie (per esempio, che cosa i Saraceni fecero in Sicilia, quali furono le innovazioni da loro apportate nei vari campi) ed eventualmente delle didascalie delle illustrazioni, in modo da rendere il tuo discorso più completo.

2. Costruire tabelle comparative

per il I anno

Un modo proficuo per organizzare e memorizzare meglio le informazioni che hai acquisito leggendo e studiando un testo, consiste nel costruire delle tabelle comparative, che ti permettano di confrontare alcuni elementi tra loro, allo scopo di evidenziare somiglianze e diversità.
Facciamo un esempio. Proviamo a confrontare le caratteristiche rispettivamente del Comune e della Signoria: in questo modo hai una visualizzazione immediata dei concetti chiave, in questo caso delle differenze tra i due elementi a confronto, che puoi così imparare e ripassare più facilmente.

Comune
- Ha un territorio limitato.
- È retto da consoli e successivamente da un podestà, eletti dall'Arengo.
- Esiste un Parlamento o Arengo, costituito dai rappresentanti delle arti maggiori, che coadiuva consoli e podestà.
- L'esercito è perlopiù costituito da volontari del popolo.

Signoria
- Occupa un vasto territorio, fino a costituire uno Stato regionale.
- È governata da un signore, che ha conquistato il potere o con la ricchezza o con la forza.
- Il Parlamento non esiste più o è svuotato di ogni suo potere.
- Esiste un esercito di mercenari (compagnie di ventura), che provengono da fuori e sono soldati di mestiere.

Firenze, Piazza della Signoria, in una incisione del '700.

Prova ora tu; potresti cimentarti con le differenze esistenti tra una Monarchia nazionale (per esempio l'Inghilterra) e la frammentazione politica dell'Italia centro-settentrionale.
Vai a ripassarti ciò che ti serve e completa questa doppia tabella (tieni presente l'estensione del territorio; l'unione o meno di leggi, lingua, norme; la presenza di uno o più sovrani e della burocrazia, ecc.).
Se non riesci subito, non scoraggiarti: come succede quasi sempre per le cose nuove, occorre anche provare più volte. Ma l'aiuto per chiarire meglio e quindi ripassare velocemente ciò che hai studiato, che ti viene da questo strumento, vale senz'altro lo sforzo!

Monarchia nazionale	Comuni dell'Italia centro-settentrionale

3. Orientarsi nel testo

per il II anno

Tenendo presente quanto detto in precedenza (attività 1), prova a esercitarti con il seguente testo in base a quanto richiesto nella pagina successiva.

L'evoluzione della tecnologia nautica

Il volto del nostro Pianeta è oggi conosciuto e familiare, ma le nostre conoscenze geografiche sono relativamente recenti. L'Europa medievale aveva un'idea precisa solo dell'area mediterranea, le conoscenze delle altre terre erano sfocate e si confondevano con la mitologia.

Per gli antichi Romani l'oceano era il simbolo della fine del mondo, l'estremo limite oltre il quale non ci poteva essere altro che l'abisso. Per altri popoli, come gli Aztechi, il mare segnava la frontiera tra l'umano e il divino. Solo gli dèi avrebbero potuto navigarlo.

Per un navigatore della fine del Quattrocento-inizio del Cinquecento, invece, esistevano già delle carte, anche se ancora molto imprecise e parziali. Ricordiamo per esempio il ***Planisfero genovese*** *(1457), tratto dai calcoli del matematico e letterato Paolo dal Pozzo Toscanelli, le cui indicazioni, basate sulle misurazioni tolemaiche, si rivelarono errate. Solo con le scoperte del Nuovo Mondo, nel XVI secolo, le carte geografiche si sarebbero allargate in* ***planisferi completi****, pur con la mancanza di alcune terre, come l'Australia e l'Antartide.*

L'avvio dei primi grandi viaggi di scoperta fu consentito dal miglioramento delle imbarcazioni e delle tecniche di navigazione. Tre strumenti in particolare si rivelarono indispensabili:

1. ***la bussola****, un'invenzione geniale e semplicissima, dovuta forse ai Cinesi e diffusa nel Mediterraneo dagli Arabi, che sfrutta la proprietà del magnetismo terrestre: immancabilmente l'ago della bussola segna la direzione Nord;*
2. ***l'astrolabio****, inventato dai Greci, ma perfezionato e trasformato in uno strumento di facile consultazione dagli Arabi, serviva a stabilire le coordinate di un luogo, in base all'ora del giorno e all'altezza delle costellazioni all'orizzonte;*
3. ***le carte nautiche****, che, perfezionate nel XIII-XIV secolo, riproducevano estensioni di mari e di coste, individuando i porti, gli scogli, i fondali e ogni altro elemento utile per una sicura navigazione. Complementi alle carte nautiche erano i portolani, libri illustrati di navigazione, che, conosciuti fin dall'epoca greco-romana e anch'essi perfezionati nel XIV-XV secolo, descrivevano in dettaglio le caratteristiche dei porti di approdo e delle coste.*

Gerard Mercator: Astrolabio, 1570 circa.

Portolano di Jacobus Russus di Messina, 1533.

Bussola italiana del XVI secolo protetta da una scatoletta d'avorio, utilizzata per i viaggi di esplorazione.
Il fiordaliso che indica il nord, simbolizza la lettera T che sta per "tramontana", il vento del nord.

Partiamo da una **lettura esplorativa:**

1. Qual è il titolo del paragrafo? ....
2. Quali sono le parole evidenziate? ....
....
....
3. Che cosa dice la didascalia? ....
4. Sintetizza con poche parole quello che hai intuito essere il contenuto del paragrafo.
....
....

Procediamo adesso con la **lettura approfondita:**

1. Leggi con attenzione il testo.
2. Sottolinea i termini di cui non conosci il significato e cercali sul vocabolario.
3. Rileggi ora tutto il testo, sottolineando le informazioni principali. L'esercizio è avviato.

Il volto del nostro Pianeta è oggi conosciuto e familiare, ma le nostre conoscenze geografiche sono relativamente recenti. L'Europa medievale aveva un'idea precisa solo dell'area mediterranea, le conoscenze delle altre terre erano sfocate e si confondevano con la mitologia.
Per gli antichi Romani l'oceano era il simbolo della fine del mondo, l'estremo limite oltre il quale non ci poteva essere altro che l'abisso. Per altri popoli, come gli Aztechi, il mare segnava la frontiera tra l'umano e il divino. Solo gli dèi avrebbero potuto navigarlo.

4. Sottolinea in modo diverso le informazioni secondarie (meno importanti delle principali); anche in questo caso ti abbiamo fatto un esempio.

Il volto del nostro Pianeta è oggi conosciuto e familiare, ma le nostre conoscenze geografiche sono relativamente recenti.
L'Europa medievale aveva un'idea precisa solo dell'area mediterranea, le conoscenze delle altre terre erano sfocate e si confondevano con la mitologia.
Per gli antichi Romani l'oceano era il simbolo della fine del mondo, l'estremo limite oltre il quale non ci poteva essere altro che l'abisso. Per altri popoli, come gli Aztechi, il mare segnava la frontiera tra l'umano e il divino. Solo gli dèi avrebbero potuto navigarlo.

5. Fingi infine di dover esporre oralmente il paragrafo durante l'interrogazione: che cosa diresti?

La *Tabula Peutingeriana*, una copia del XII secolo di un'antica carta romana che mostrava le vie militari dell'Impero.

4. Costruire tabelle comparative

per il II anno

Sei già a conoscenza che le tabelle comparative servono per confrontare elementi e caratteristiche in modo da evidenziarne similitudini e differenze. Si tratta di un modo molto comodo per accostare, per esempio, due periodi storici o due modi di pensare o, ancora, due diversi tipi di governo. Come gli schemi, anche le tabelle comparative hanno un duplice pregio: da un lato, nel momento in cui vengono costruite, ci aiutano a memorizzare i contenuti che vi compaiono; dall'altro, essendo immediatamente visualizzabili, rendono più agevole sia lo studio sia il ripasso.

Rileggi nel Volume 2 la parte relativa alla decadenza della Spagna nel Seicento (*Parte 2, U1.2*) e alla situazione dell'Olanda e dell'Inghilterra nello stesso periodo (*Parte 2, U1.4*), quindi completa la seguente tabella, apponendo una crocetta nella colonna opportuna.

	Spagna	Olanda e Inghilterra
Clero e nobiltà godono di molti privilegi		
Presenza della classe borghese		
Commercio come attività principale		
Presenza di rivolte popolari		

Ora facciamo l'esercizio inverso: noi ti proponiamo una tabella comparativa, tu costruisci il testo relativo e lo scrivi di seguito.

	Monarchia assoluta	Monarchia costituzionale
Detenzione del potere	Accentramento del potere nelle mani del sovrano, che vara le leggi, governa, presiede la funzione giudiziaria, è a capo dell'esercito.	La sovranità del monarca è limitata, poiché esiste una Costituzione a cui deve attenersi e, inoltre, ci sono organi diversi che si occupano dei tre poteri dello Stato (legislativo, esecutivo, giudiziario)
Da dove deriva il potere	Da Dio (diritto divino)	Dall'ordinamento giuridico e dal consenso del Parlamento e del popolo
Libertà	Sono molto limitate e strettamente controllate dal sovrano	Vengono riconosciute libertà politiche, civili e religiose.

5. Leggere un documento scritto: distinguere i fatti dalle opinioni – per il II anno

I documenti sono come impronte lasciate dagli uomini nel corso dei secoli, impronte che ci permettono di ricostruire il passato, da quello che sembra perdersi nella notte dei tempi fino a quello più prossimo. Attraverso una lettura approfondita e interpretativa delle fonti gli storici sono riusciti non solo a delineare il corso degli eventi in modo corretto e oggettivo, ma anche a cogliere gli stili di vita, il pensiero politico e religioso, i caratteri dei popoli e le motivazioni profonde degli avvenimenti.

Occupiamoci ora dei **documenti scritti**. Ne sono esempi le iscrizioni sulle lapidi delle tombe, le lettere personali, le cronache degli avvenimenti, i registri contabili, i diari di bordo.

Proviamo ad analizzarne uno: si tratta del diario di Cristoforo Colombo, in cui il grande navigatore racconta la sua esperienza nel Nuovo Mondo e descrive alcune particolarità degli indigeni.

> *Conosciuto che ebbi che era gente la quale meglio si sarebbe salvata e convertita alla nostra santa religione con l'amore che con la forza, allo scopo di farceli amici regalai ad alcuni di loro alcuni berretti, ossi e coroncine di vetro che si mettevano al collo e altre cosette diverse di poco valore, di che ebbero molto piacere; e tanto divennero nostri amici che era una meraviglia.*
>
> *Essi, poi, venivano nuotando alle barche dei navigli, dove noi stavamo, e ci portavano pappagalli, fi lo di cotone in gomitoli e tante altre cose, le quali scambiavano con altre che noi davamo loro come perline di vetro e sonagli. Insomma tutto prendevano e davano di buona volontà; ma mi parve che fosse gente molto sprovvista di ogni cosa. Vanno tutti nudi come la madre li partorì, comprese le donne, e una di queste era assai giovane. E tutti quelli che io vidi erano giovanissimi, ché non ne scorsi alcuno che fosse di età superiore ai 30 anni, e sono tutti assai ben fatti, bellissimi di corpo e di graziosa fisionomia. Hanno i capelli grossi, quasi come i crini della coda dei cavalli, corti e cadenti sulle ciglia, salvo qualche ciuffo che gettano indietro e conservano lunghi senza mai accorciarli. Taluni si dipingono di grigio, altri di bianco o di rosso o d'altro colore; taluni si dipingono la faccia, altri tutto il corpo, o solo gli occhi, o solo il naso.*
>
> *Non portano armi, e nemmeno le conoscono: mostrai loro le spade ed essi prendendole per la parte del taglio, per ignoranza si tagliavano.*
>
> *Debbono essere buoni servitori e ingegnosi, perché osservo che ripetono presto tutto quello che io dico loro, e ritengo anche che possano diventare agevolmente cristiani, perché mi pare che non appartengano a nessuna setta.*

da Cristoforo Colombo, *Giornale di Bordo*, a cura di R. Taddeo, Verona 1973

Vediamo di individuare le informazioni che ci offre Cristoforo Colombo, partendo dai dati oggettivi, ovvero da quello che lui vede e descrive (che abbiamo nel testo evidenziato in azzurro):

1. gli indigeni regalano ai nuovi venuti pappagalli, fili di cotone e altre cose, e ricevono in cambio perline di vetro, sonagli;
2. essi vanno in giro tutti nudi e sono in maggior parte giovanissimi;
3. sono molto belli;
4. hanno capelli corti, grossi, cadenti sulle ciglia (con una frangia);
5. si dipingono la faccia, o tutto il corpo, o solo gli occhi e il naso, di grigio, bianco o rosso;
6. non portano armi.

Quali dati si possono ricavare? Gli indigeni sono giovani, belli, amichevoli, gioiosi e pacifici.

Andiamo avanti, analizzando il pensiero del navigatore (evidenziato nel testo in giallo):

1. si tratta di gente che sarebbe stato meglio convertire, e quindi salvare spiritualmente, con l'amore anziché con la forza;
2. sono persone che vivono senza troppe cose;
3. danno l'idea di essere buoni servitori, perché ripetono tutto ciò che Colombo dice;
4. possono diventare facilmente cristiani, anche perché pare che non abbiamo una propria religione.

Quali altri dati possiamo trarre? Si tratta di persone semplici, ospitali, meritevoli d'essere convertiti con l'amore.

Ora vediamo quali sono le informazioni che se ne possono trarre:

1. l'impatto col Nuovo Mondo non fu violento;
2. gli indigeni colpirono i nuovi venuti per il loro modo di vita, la stranezza dei costumi e l'ingenuità dei comportamenti;
3. il fatto che essi non professassero apertamente una religione fece ritenere che potessero essere convertiti facilmente al Cristianesimo;
4. gli Europei, in qualche modo, si ritenevano superiori a loro.

Il documento che segue è testimonianza dei sentimenti che gli Spagnoli nutrivano verso le popolazioni dell'America. Seguendo l'esercizio precedente evidenzia con colori diversi i fatti oggettivi e il pensiero dell'autore e scrivi le informazioni che ne ricavi.

L'ammiraglio Colombo, quando scoprì l'Isola di Hispaniola, vi trovò un milione di indiani e di indiane. Di tutti questi, e di quelli che sono nati dopo, io credo che nel presente anno 1535 non ne rimangano che 500, sia piccoli che grandi. Alcuni conquistatori fecero lavorare gli indiani in modo eccessivo, altri li nutrirono in modo insufficiente. E per di più gli uomini di questo paese sono per natura così oziosi, viziosi, sfaticati, melanconici, codardi, sudici, mentitori, incostanti! Molti di loro, per proprio piacere e passatempo, si fecero morire di veleno, per non lavorare affatto. Altri s'impiccarono con le proprie mani. Altri ancora morirono di malattia.

Per quanto mi riguarda, io ritengo che nostro Signore ha permesso che queste genti selvagge, rozze e bestiali fossero gettate via ed estirpate dalla superficie terrestre a causa dei loro enormi e abominevoli peccati.

da F. de Oviedo, *Historia General de las Indias*, 1535

L'antica missione spagnola di Concepción, in Messico.

6. Orientarsi nel testo

per il III anno

Riprendiamo le esercitazioni finalizzate a orientarsi nel testo, allo scopo di comprendere bene i contenuti e di saperne trarre le informazioni principali.

Leggi il seguente testo.

Per migliaia di combattenti smobilitati, il paese non era in grado di offrire occupazione immediata. Il costo della vita era in continuo aumento. [...] Il governo presieduto dall'on. Salandra, fin dal 1915, aveva promesso ai combattenti, per animarli alla guerra, distruzioni di terre. I governi che si erano succeduti avevano formulato le stesse promesse, e noi ufficiali in trincea commentavano ai soldati le circolari ministeriali del Comando Supremo sulla «terra ai contadini». Ora che la guerra era vinta, e per merito loro, i contadini reclamavano la terra al governo e agli agrari. Ma il governo aveva altri pensieri per la testa e gli agrari, [...] protestavano energicamente contro gli uomini di governo che avevano osato offrire, con tanta generosità, la proprietà altrui.

In parecchie regioni i combattenti senza terra invasero i latifondi incolti, insieme con i contadini più poveri.

[...] L'eccitazione delle campagne era ben poca cosa di fronte a quella delle città. Mentre il costo della vita aumentava, i salari rimanevano fissi e in alcune industrie diminuivano. [...] Le masse operaie organizzate portavano, nelle rivendicazioni economiche, ideologie politiche. L'esempio della Russia faceva apparire necessaria e possibile la rivoluzione in Italia [...] Il partito socialista, al quale aderivano le grandi masse operaie, era diviso in parecchie tendenze. Chi voleva la rivoluzione immediata e violenta, chi le riforme graduali e legali, chi non sapeva neppure quello che voleva. [...]

da E. Lussu, *Marcia su Roma e dintorni*, Torino, Einaudi 1974

- Qual è il titolo del paragrafo? ....
- Quali sono le parole che evidenzieresti? Sottolineale (l'esercizio è avviato). Attenzione: se ignori il significato di qualche termine, vallo a cercare sul vocabolario.

Ora, tenendo conto dei termini evidenziati, scrivi in poche parole il contenuto generale del testo: ....

....

....

....

....

....

....

....

Siamo giunti alla **seconda fase**.

Rileggi con particolare attenzione tutto il testo, sottolineando i concetti - chiave, ossia le informazioni principali, che dovrai tenere ben presente quando sosterrai l'interrogazione.

Decidi infine quali informazioni secondarie (cioè meno importanti, ma ugualmente indicative) ricordare ed evidenziale in altro modo (per esempio cerchiandole).

Ora non ti rimane che studiare ciò che hai messo in evidenza, esercitandoti ad esporlo ad alta voce.

COMPETENZA 4

ESPORRE ORALMENTE E CON SCRITTURE - ANCHE DIGITALI - LE CONOSCENZE STORICHE ACQUISITE OPERANDO COLLEGAMENTI E ARGOMENTANDO LE PROPRIE RIFLESSIONI.

Per questa competenza puoi utilizzare anche le attività 1, 4, 6 della COMPETENZA 3

1. Costruire schemi

per il I anno

Per riassumere un argomento e riuscire immediatamente a visualizzarlo può essere utile costruire uno schema. Quasi tutti i tuoi libri di testo usano questo metodo per facilitarti lo studio. Con lo schema infatti:
- memorizzi i contenuti essenziali;
- ripassi in modo più veloce ad efficace;
- esponi quello che hai imparato in modo organico e completo.

È quindi opportuno che tu impari a schematizzare da solo i contenuti che vuoi apprendere in modo del tutto personale, adatto al tuo modo di studiare e quindi sicuramente più efficace.
Come si costruisce uno schema?
- **Leggi** molto attentamente **il testo** da schematizzare.
- Assicurati di avere **compreso il significato** complessivo.
- **Sottolinea** le frasi da memorizzare (quelle che contengono le informazioni fondamentali).
- **Collegale** tra loro con linee e frecce in modo che siano chiare le **cause** e le **conseguenze**.
- **Trascrivi**, sul tuo quaderno, in forma schematica, quello che hai già sottolineato e collegato.

Vediamo insieme un paio di esempi. Il primo riguarda uno schema relativo a un testo breve e circoscritto, che riguarda cioè un fatto preciso e in cui le cose da ricordare sono essenzialmente date, nomi di personaggi e di località.

La guerra fra i Comuni della Lega Lombarda e Federico I durò molti anni con alterne vicende, ma poiché l'imperatore doveva fare i conti anche con i feudatari di casa sua non riuscì a concentrare le forze contro l'Italia.
Nel 1176 fu definitivamente sconfitto dalla Lega a Legnano e costretto a scendere a patti con i Comuni.
Nel 1183, infatti, fu firmata la Pace di Costanza in cui l'imperatore riconosceva ai Comuni una piena e larga autonomia, insieme alla totale indipendenza del papa e della Chiesa.

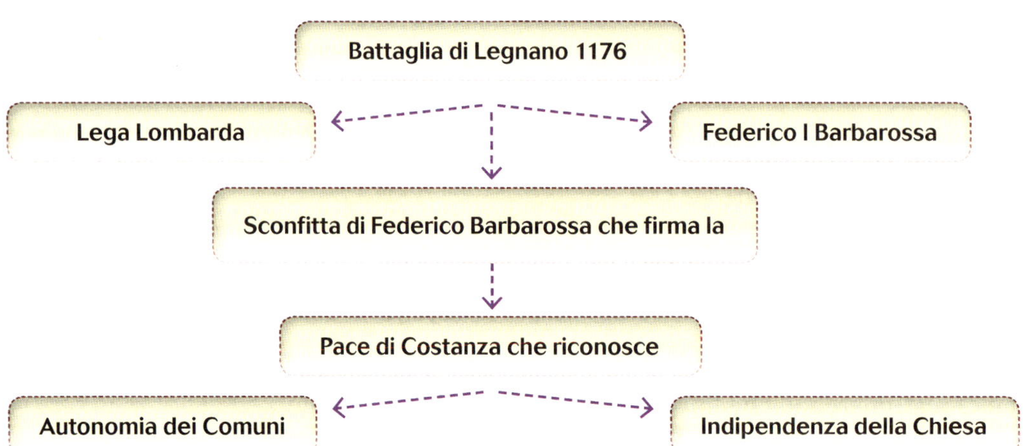

Ora invece utilizziamo un altro esempio per mostrarti come schematizzare un testo più complesso e articolato, in cui ciò che devi memorizzare è costituito soprattutto dai concetti-chiave.

Hai visto che i mercanti divennero sempre più ricchi e potenti: essi costituirono la cosiddetta ***borghesia mercantile****. Ma c'era anche un altro gruppo di persone, destinato a divenire addirittura più ricco e potente: quello della* ***borghesia finanziaria****. Di chi si tratta? Sai che i mercanti viaggiavano molto ed erano quindi costretti a portarsi dietro grandi quantità di denaro con elevato rischio di rapine; senza contare che ciascuna città aveva la sua moneta e c'era quindi il problema del cambio. Nacquero allora due nuove figure: il banchiere e il cambiavalute.*
I banchieri accoglievano all'interno delle banche il denaro e fornivano i mercanti di lettere di cambio (gli antenati dei nostri assegni), che potevano cambiare in qualsiasi banco all'estero. Non solo: intraprendenti Senesi e Fiorentini soprattutto, ma anche Milanesi, Astigiani, Novaresi e Piacentini, si spostarono nel Nord Europa, dove aprirono filiali bancarie e si specializzarono in operazioni finanziarie e tecniche mercantili.
Il ***cambiavalute****, invece, si arricchiva trattenendo una percentuale nel cambio. Nelle varie attività, spesso succedeva che qualche mercante, artigiano o lo stesso Comune avesse bisogno di prestiti: nacque così anche la figura dell'****usuraio****, che prestava i soldi a interesse piuttosto alto (occorreva, cioè, restituirgli il denaro ricevuto in prestito maggiorato di una certa somma).*

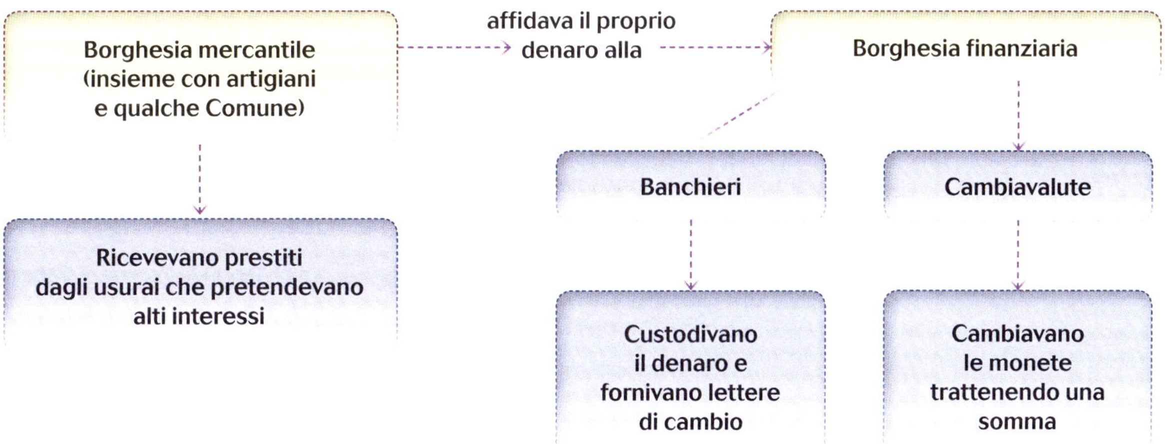

Come avrai notato lo schema non è un discorso completo: compaiono pochissimi verbi e le frasi sono semplici e brevi. Seguire uno schema per ripetere quanto hai appreso significa usare i concetti-chiave che hai sotto gli occhi per costruire un discorso ben articolato ed esauriente.

Provaci e trascrivi il risultato:

ESPORRE ORALMENTE E CON SCRITTURE - ANCHE DIGITALI - LE CONOSCENZE STORICHE ACQUISITE OPERANDO COLLEGAMENTI E ARGOMENTANDO LE PROPRIE RIFLESSIONI

Tenendo conto di quanto hai imparato, schematizza i due testi che seguono, poi procedi a formulare un discorso completo sui due argomenti.

Testo 1

Per lungo tempo lo sport, anche se con un significato diverso da quello che ha oggi, è stato prerogativa soprattutto degli aristocratici: serviva per dare prova di bravura e abilità e per legittimare presso le classi sociali inferiori la propria preminenza sociale ed economica.

Nel Medioevo l'attività fisica prediletta dai nobili erano i tornei, che costituivano anche un allenamento alla guerra; in essi i contendenti si affrontavano a cavallo armati di spada e lancia, in onore del proprio sovrano o in omaggio alla dama prediletta. Altre attività praticate erano la caccia, in cui spesso venivano utilizzati falchi addestrati a catturare altri uccelli o le competizioni con la balestra, un'arma antica costituita da un arco di legno o di ferro fissato su un fusto di legno e da un dispositivo atto a tendere, bloccare o far scattare la corda dell'arco per scagliare delle frecce.

Anche il popolo si concedeva gare e giochi che rappresentavano un momento di aggregazione della comunità e ne rafforzavano la solidarietà. Così artigiani, bottegai e contadini si cimentavano nel tiro al bersaglio, nel lancio del tronco, nella lotta, in chiassosi giochi di palla, che costituivano un'occasione per riunirsi, agghindarsi, mangiare e bere in compagnia, mentre il più bravo veniva ammirato e celebrato dalla sua gente. Non vi era infatti alcuna possibilità né che la fama conquistata superasse i limiti del villaggio, né che una gara sportiva avvenisse tra persone appartenenti a classi diverse [...].

Veniva praticata anche un'attività simile al nostro calcio nell'Europa meridionale, durante i giorni di festa invernali e tra contadini di villaggi vicini: si trattava di competizioni che talvolta duravano anche tutta la giornata, in cui si affrontavano squadre che potevano arrivare a cento persone per parte (anche agli spettatori era concesso partecipare) e nelle quali non mancavano feriti e morti, visto che spesso tali partite erano un pretesto per dar sfogo alle inimicizie tra paesi rivali.

da A. Tancredi, *Insieme. Europa e sport*

Testo 2

Quando i barbari invasero l'Impero Romano d'Occidente, le città decaddero e la vita si spostò prevalentemente nelle campagne, dove i contadini lavoravano i terreni appartenenti a un nobile.

In questa situazione avere molti figli era fondamentale: le famiglie nobili potevano così rafforzare il proprio potere e il patrimonio familiare con le terre e i possedimenti portati in dote da una sposa di solito giovanissima; i contadini, da parte loro, avevano così a disposizione più braccia che lavorassero nei campi; si trattava per lo più di famiglie allargate.

Anche in questo periodo storico la donna era considerata "naturalmente" inferiore all'uomo: le ragazze medievali di classe sociale elevata, se non erano indirizzate alla vita monastica, venivano maritate su scelta del padre prima dei quindici anni. Le donne che appartenevano ai ceti sociali meno elevati erano destinate al lavoro, per contribuire al reddito familiare.

Con la rinascita delle città, attorno all'anno Mille, la famiglia ritorna a essere nucleare: i figli, poco alla volta, si sottraggono allo stretto controllo del padre, poiché spesso vanno nella bottega di altri artigiani per imparare un lavoro e le figlie diventano domestiche presso le famiglie più ricche. Il padre continuava tuttavia a essere colui che prendeva le decisioni più importanti, mentre alla donna erano riservate le faccende di casa.

Per evitare la dispersione del patrimonio familiare nella società feudale si afferma l'usanza di destinare in eredità solo a uno dei figli i beni paterni, solitamente il feudo e le terre: gli altri figli avrebbero dovuto occuparsi di fatto delle attività militari o si dedicavano alla carriera ecclesiastica.

da A. Tancredi, *Insieme. Famiglia e autorità*

A questo punto, se sei in grado di riferire i contenuti dei testi anche ad alta voce e in modo corretto, hai raggiunto l'obiettivo e puoi ripetere l'operazione ogni volta che vuoi imparare bene un argomento.

COMPETENZA 4 ESPORRE ORALMENTE E CON SCRITTURE - ANCHE DIGITALI - LE CONOSCENZE STORICHE ACQUISITE OPERANDO COLLEGAMENTI E ARGOMENTANDO LE PROPRIE RIFLESSIONI

2. Costruire schemi

per il II anno

Sai già che uno schema è fondamentale per riassumere un argomento cogliendone le informazioni principali e per facilitare, di conseguenza, sia lo studio sia il ripasso. Sai anche che esistono essenzialmente due tipi di schema, come hai potuto anche notare spesso a margine del tuo libro di testo: quello che segue un semplice ordine cronologico (l'ordine con cui sono avvenuti gli avvenimenti) e quello, un po' più complesso, che visualizza le cause e le conseguenze di un evento o di un fenomeno storico.

Iniziamo dal primo tipo di schema: leggi attentamente il seguente testo, quindi completa lo schema già iniziato; oppure crea uno schema tutto tuo.

La Monarchia inglese nel XVII secolo e la guerra civile

Nel 1603, alla morte di Elisabetta, salì sul trono Giacomo Stuart, re di Scozia. Egli tentò di instaurare una Monarchia assoluta, creandosi molti nemici e attirandosi l'ostilità del Parlamento (costituito dalla Camera dei Lord, che rappresentava la nobiltà, e dalla Camera dei Comuni, che rappresentava i ceti borghesi emergenti.) Alla sua morte gli successe il figlio Carlo I, costretto dal Parlamento a firmare la Petizione dei Diritti (1628); tuttavia egli sciolse il Parlamento, per cui scoppiò una rivolta, che diede vita a una vera e propria guerra civile, in cui si fronteggiarono l'esercito dei "Cavalieri" (rimasti fedeli al re) e le "Teste rotonde", che si battevano in difesa del Parlamento. Queste ultime, capeggiate da Oliver Cromwell, vinsero: venne abolita la Monarchia e proclamata la Repubblica parlamentare. Tuttavia Cromwell avviò poco alla volta una dittatura personale, per cui alla sua morte venne restaurata la Monarchia.

Oliver Cromwell.

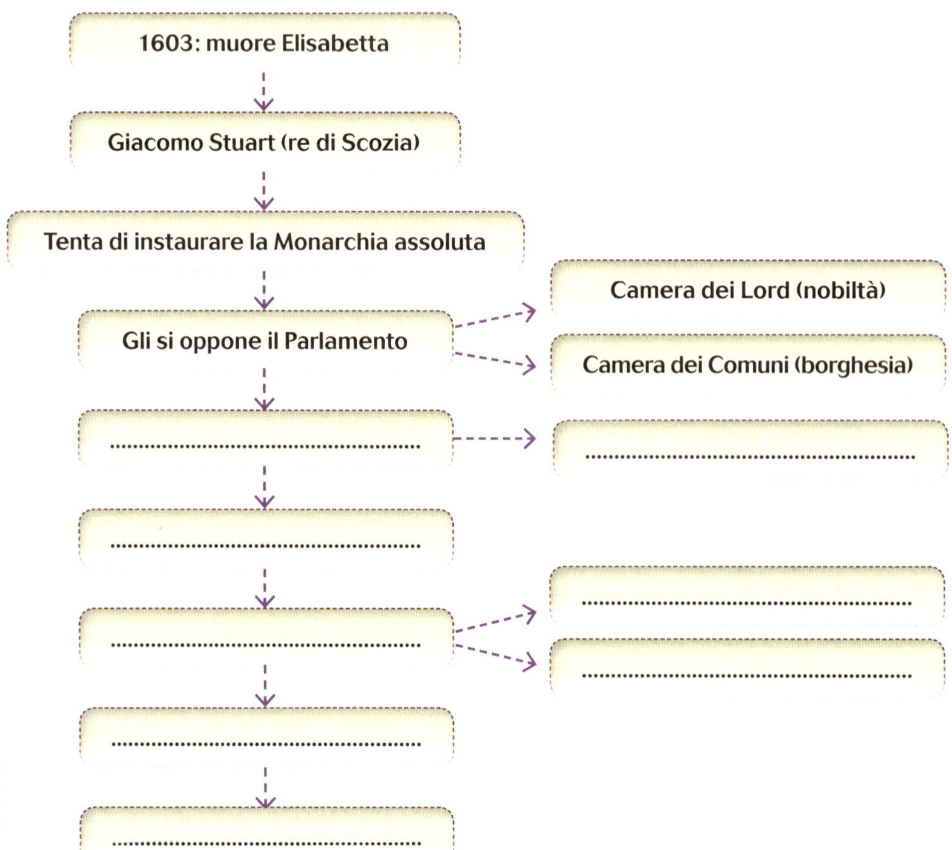

Ti proponiamo adesso un testo, dal quale dovrai trarre uno schema di tipo logico (causa/e e conseguenza/e).

Fin dagli inizi del 1500 la Spagna e altri Stati europei s'impossessano di immensi territori nelle Americhe. Inizia l'era dei conquistatori, soprattutto spagnoli, spinti dal desiderio di onori, potere e ricchezza. Il senso religioso dell'epoca vede nella Conquista anche la possibilità di convertire al Cristianesimo gli Indios e salvarne le anime. La conquista riduce spaventosamente il numero degli indigeni: degli 80 milioni che abitavano il Continente, ne rimarranno appena dieci milioni. Si tratta di un genocidio, le cui cause sono: le uccisioni dirette perpetrate dagli Spagnoli; i maltrattamenti, dovuti soprattutto al lavoro forzato nelle miniere; le malattie importate dagli Spagnoli (vaiolo e morbillo), contro le quali gli Indios non hanno anticorpi. Gli Spagnoli vedono in tutto ciò la prova che Dio è dalla loro parte.

Diego Rivera, *Lo sfruttamento del Messico da parte dei conquistadores spagnoli*, murale dipinto all'interno del Palazzo Nazionale di Città del Messico.

3. Distinguere cause remote e cause incidentali

per il II anno

Abbiamo visto che gli storici datano l'inizio della Rivoluzione francese il 14 luglio 1789, giorno in cui avvennero due eventi clamorosi: la rivolta del popolo parigino e la conseguente presa della Bastiglia.

È legittimo, a questo punto, porsi delle domande: "E se quel giorno non ci fosse stata alcuna sollevazione popolare e la Bastiglia non fosse stata presa d'assalto, la Rivoluzione sarebbe comunque iniziata? Oppure sarebbe stata rimandata? O, addirittura, sarebbe mai scoppiata?" Gli avvenimenti storici, determinati dagli uomini, come spesso abbiamo visto, non sono casuali e inattesi, ma costituiscono il **momento culminante di un processo** che si è svolto nel tempo precedente e che ha preparato le condizioni affinché l'evento accadesse.

Così, nel caso della Rivoluzione francese:

- la **situazione economica** (spese eccessive e casse dello Stato vuote, continuo inasprimento del peso fiscale che opprimeva borghesi, proletari e contadini);
- la **situazione politica** (potere assoluto del re, che con un comportamento miope e inadeguato non aveva attuato alcuna riforma illuminista e aveva emarginato dal governo la borghesia, ovvero la classe economicamente più forte);
- la **situazione sociale** (drammatiche condizioni di vita delle classi più povere);
- la **situazione culturale** (diffusione delle idee e dei princìpi dell'Illuminismo),

avevano già posto le basi per una grande, fragorosa "esplosione". Pertanto la Rivoluzione sarebbe scoppiata comunque: magari non in quel giorno, non con la presa della Bastiglia, ma l'evento si sarebbe attuato.

Infatti la rivolta popolare e il conseguente assalto alla Bastiglia hanno costituito la **causa incidentale**, ovvero l'incidente, la scintilla che "ha dato fuoco alle polveri", provocando gli avvenimenti successivi.

La situazione economica, politica, sociale e culturale della Francia pre-rivoluzionaria, invece, rappresenta la **causa reale**, quella cioè che sta realmente (e non casualmente) alla base della Rivoluzione.

Molti saranno gli argomenti di studio futuri in cui sarà importante non fermarsi al motivo scatenante, ma risalire alle cause reali. Individuare la differenza delle cause è infatti fondamentale per capire completamente gli avvenimenti e i processi storici, non fermandosi alla superficie degli eventi.

Nei seguenti avvenimenti, distingui tra cause incidentali e cause reali: l'esercizio è avviato.

Avvenimento: Riforma protestante.

Causa incidentale: Lutero affigge le sue 95 Tesi sulla porta della cattedrale di Wittenberg.

Causa reale: ....

....

....

....

Avvenimento: rivoluzione Americana.

Causa incidentale: alcuni coloni di Boston gettano in mare un carico di tè inglese.

Causa reale: ....

....

....

....

4. Costruire la "ragnatela" degli eventi

per il II anno

Sin dal primo anno ti è stato detto detto che la Storia è un susseguirsi continuo di eventi legati da rapporti di causa e conseguenza, una sorta di catena, in cui ogni anello è contemporaneamente la **conseguenza di quello precedente** e la **causa di quello successivo**.

Ora occorre arricchire questo concetto: infatti gli eventi storici non sono solo conseguenza di quelli precedenti, ma il prodotto di una più complessa "ragnatela" di eventi.

Facciamo un esempio, analizzando i moti del '48: essi sono la conseguenza del fallimento di quelli precedenti e della rinnovata volontà, da parte dei liberali e dei patrioti, di riprendere quanto prima le armi, per raggiungere i propri obiettivi di libertà e indipendenza.

A questa semplice e ovvia sequenza di causa-conseguenza, occorre però aggiungere altri elementi:

- l'ulteriore **rafforzamento della borghesia**, per la quale era urgente spazzare via sia gli ostacoli al proprio sviluppo economico (dazi, dogane, ecc.), sia l'assolutismo monarchico che le impediva di impossessarsi del potere politico.
- la grave **crisi economica**, che fece lievitare i prezzi dei generi di prima necessità, diminuire il potere d'acquisto dei salari, contrarre i consumi, chiudere molte fabbriche, aumentare la disoccupazione e, quindi, la rabbia delle classi sociali più misere.

Pertanto, se dovessimo rendere graficamente questo insieme di eventi, potremmo orientarci in questo modo:

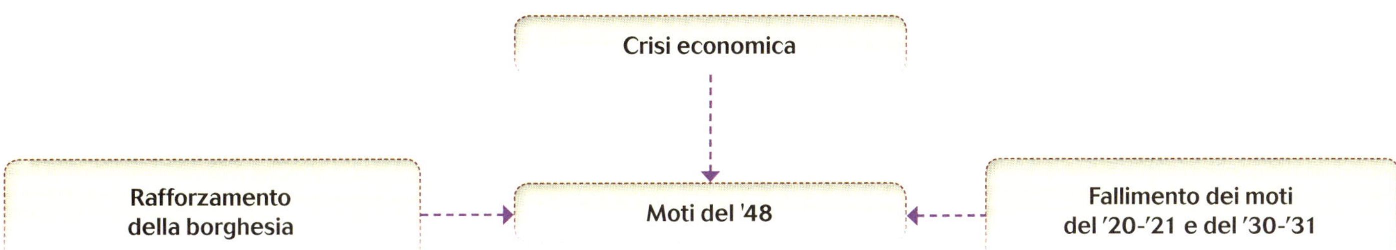

Come è evidente, i moti del '48 sono al centro di un nodo più complesso, il quale dà l'idea di tutte le componenti che l'hanno prodotto: solo in questo modo è possibile comprendere veramente gli eventi.

Prova ora tu, completando il seguente schema.

....

Desiderio di assicurare un equilibrio politico in Europa
Sconfitta di Napoleone

....

Che cosa possiamo scrivere sulla prima riga bianca? Scegli fra: *Santa Alleanza, frazionamento politico, Restaurazione*. E sulla riga sottostante? (Puoi anche effettuare più di una scelta e aumentare le righe). Scegli fra: *rinnovamento politico, egemonia austriaca in Europa, cancellazione delle idee illuministe, controllo monarchico sulla borghesia*.

Ora costruisci, senza aiuti, le "ragnatele" degli eventi dei moti del '20-'21 e della Rivoluzione industriale.

5. Costruire schemi

per il II anno

Hai già imparato a costruire schemi sia di tipo cronologico sia logico. Adesso ti proponiamo noi una tabella ricavata dal confronto dei due testi; dopo averla osservata attentamente, scrivi un testo che la illustri. Ricordati di unire le varie parti con i connettivi più opportuni (*di conseguenza, poiché, pertanto, quindi, eccetto, e così via*).

Lo Statuto albertino

*Lo Statuto albertino venne firmato e promulgato da Carlo Alberto il 4 marzo 1848: per questo motivo viene definito una **Carta "ottriata"** (dal francese octroyée), ovvero concessa dall'alto, dal sovrano.*

*Si trattava di una **Costituzione flessibile**, che poteva, cioè, essere cambiata dal Parlamento in qualsiasi momento, e **breve**, poiché composta da un numero limitato di articoli (73, di cui 23 si riferivano alle prerogative della corona e della famiglia reale, più 8 disposizioni generali e 3 transitorie).*

*Al centro del sistema c'era il **re**, che si garantiva **poteri forti** e il controllo su tutta la vita politica: egli, la cui persona era definita "sacra e inviolabile", partecipava al potere legislativo con le due Camere parlamentari, era a capo del potere esecutivo (Governo) e inoltre era colui in nome del quale veniva amministrata la giustizia e che istituiva gli stessi giudici.I membri del **Parlamento** erano eletti a suffragio censitario (ovvero da chi disponeva di una certa ricchezza) nella Camera dei deputati, e nominati a vita dal re nel Senato. Il **Governo** non doveva dar conto del suo operato al Parlamento, ma solo al re. La religione cattolica veniva considerata la sola **religione di Stato**. Le disposizioni relative ai **diritti civili** erano invece più avanzate, pur essendo poche e schematiche; esse, che sostanzialmente si rifacevano alla Costituzione francese del 1830, garantivano la libertà personale, l'inviolabilità del domicilio, la libertà di stampa nei limiti previsti dalla legge, la proprietà, il diritto di riunione; per quanto riguarda i doveri, tutti i cittadini (chiamati "regnicoli") erano chiamati a contribuire alle spese dello Stato in proporzione dei loro averi.*

La Costituzione repubblicana

*La **Costituzione della Repubblica italiana**, entrata in vigore il 1° gennaio 1948, è invece stata elaborata e approvata da un'**Assemblea Costituente** eletta a suffragio universale il 2 giugno 1946 dal popolo italiano.*

*L'Assemblea Costituente comprendeva esponenti delle varie forze politiche e questo spiega anche le differenti componenti ideologiche della Carta Costituzionale, che risulta così essere **composita**: gli ideali liberali emergono dalla garanzia dei diritti inviolabili dell'uomo, quelli socialisti dal riconoscimento di tutti i diritti sociali (lavoro, salute, istruzione, assistenza, ...), quelli cristiani dalla tutela della famiglia e della persona.*

A differenza dello Statuto, inoltre, la Costituzione repubblicana è rigida e lunga.

***Rigida** per tutelarla dai facili cambiamenti, finalizzati a specifici interessi, da parte di chi guida la vita politica; infatti, le eventuali modifiche o integrazioni devono essere approvate con un "procedimento aggravato", ovvero appositamente più complesso di quello richiesto per le altre leggi, previsto dall'articolo 138: ciascuna legge di revisione deve essere approvata sia dalla Camera dei Deputati sia dal Senato con due successive deliberazioni intervallate da non meno di tre mesi, e con la maggioranza assoluta (cioè 50% + 1) dei componenti di ciascuna Camera nella seconda votazione.*

La firma della Costituzione italiana.

Secondo l'articolo 139, inoltre, "La forma repubblicana non può essere oggetto di revisione costituzionale".
***Lunga**, in quanto è costituita da 139 articoli, che dettagliano diritti e doveri dei cittadini (princìpi fondamentali, rapporti civili, etico-sociali, economici, politici) e l'ordinamento della Repubblica (Parlamento, presidente della Repubblica, Governo, Magistratura), cui si aggiungono le garanzie costituzionali e 18 disposizioni transitorie e finali.*

	Statuto Albertino	Costituzione
Caratteristiche	Concesso dal sovrano; flessibile; breve.	Approvata da un'Assemblea Costituente eletta a suffragio universale; rigida; lunga.
Parlamento	Camera dei Deputati eletta a suffragio censitario; Senato nominato dal re.	Entrambe le Camere elette a suffragio universale.
Governo	Con a capo il re; non dà conto del proprio operato al Parlamento.	Con a capo il presidente del Consiglio dei ministri; dà conto del proprio operato al Parlamento, che può negargli la fiducia.
Magistratura	Giudici di nomina reale; controllo politico sul loro operato.	Giudici nominati in seguito a un concorso pubblico; indipendenza dal potere politico.

6. Distinguere cause remote e cause incidentali

per il III anno

Come già sai, è fondamentale, nello studio della Storia, distinguere le cause incidentali da quelle remote; in altri termini, individuare l'evento che fa precipitare una determinata situazione dai fatti e dai fenomeni che l'hanno fatta progressivamente maturare.

Prendiamo la Prima Guerra Mondiale: l'incidente che ne ha accelerato lo scoppio è stato il famoso attentato di Sarajevo. Ma quali motivazioni, in realtà, hanno contribuito a creare nel tempo una situazione talmente conflittuale tra i vari Stati da far esplodere la guerra?

Completa la seguente tabella, aiutandoti eventualmente con quanto è scritto sul *Volume 3* del tuo testo, *Parte 2, U1.1.*

Cause incidentali	Cause remote
Attentato di Sarajevo	Economiche: competizione tra Germania, Inghilterra e Francia per ....
	Politiche: ....
	Culturali e militari: ....
	Sociali: ....

Una tabella analoga può essere costruita a proposito della Rivoluzione bolscevica del 1917 in Russia: per completarla correttamente, vai però a rivedere anche le condizioni in cui si trovava il Paese poco prima della rivoluzione del 1905 (*Volume 3, Parte 1, U3 e Parte 2, U2*).

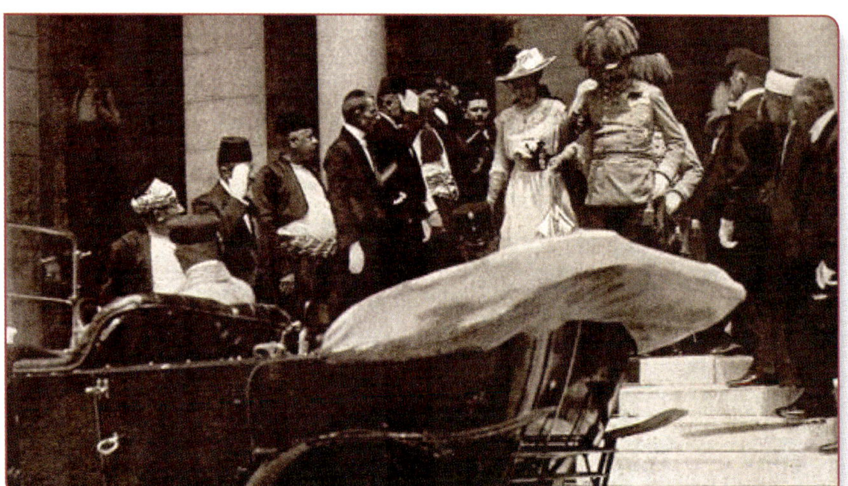

L'attentato all'arciduca Francesco Ferdinando.

7. Costruire la "ragnatela" degli eventi

per il III anno

Sai già che in Storia tutti gli eventi sono direttamente collegati fra loro e che, quindi, si può parlare di concatenazione causa-conseguenza. Sai anche che nella maggior parte dei casi le cause sono plurime: in altre parole, esistono più cause che favoriscono il concretizzarsi di una conseguenza. Medesimo discorso, però, vale anche per le conseguenze: di solito, infatti, gli effetti di un evento sono più di uno.
Facciamo un esempio: ricordi la Seconda Rivoluzione industriale? (*Volume 3, Parte 1, U1*)
Diverse sono state le **cause** che l'hanno prodotta:

- necessità di battere l'agguerrita concorrenza extraeuropea;
- necessità di ampliare i commerci;
- necessità di rafforzare le industrie con nuove applicazioni tecnologiche.

} Rivoluzione industriale

Ma anche le **conseguenze** sono numerose:

Rivoluzione industriale {

- si moltiplicano le innovazioni tecnologiche e le scoperte scientifiche;
- si rinnovano i trasporti (treni, auto, scafi, dirigibili, ...);
- si sviluppano le telecomunicazioni (telefono, telegrafo, giornali, fotografia, cinematografia, ...);
- si introduce la razionalizzazione produttiva (taylorismo);
- il capitalismo si organizza in cartelli e trust;
- si rafforza la questione sociale;
- nasce la società di massa.

Un reparto di tessitura di inizio secolo.

Come vedi, tutti gli eventi e i fenomeni storici si collocano all'interno di una vera e propria "ragnatela" di variabili: se non si analizza questa "ragnatela" non si può dire di aver compreso e di conoscere la Storia.

Ora tocca a te. Parliamo del colonialismo: quali motivi hanno spinto vari Stati europei verso la corsa alla conquista coloniale? Quali sono state le conseguenze? (*Volume 3, Parte 1, Unità 2*).

.... } Colonialismo { ....

USARE LE CONOSCENZE E LE ABILITÀ PER ORIENTARSI NELLA COMPLESSITÀ DEL PRESENTE, COMPRENDERE OPINIONI E CULTURE DIVERSE, CAPIRE I PROBLEMI FONDAMENTALI DEL MONDO CONTEMPORANEO

1. Leggere un documento scritto: distinguere i fatti dalle opinioni – per il III anno

Come abbiamo visto numerose volte, i documenti costituiscono un'importante fonte di ricostruzione storica. Spesso, però, chi li redige non si limita a riportare fedelmente gli eventi, ma li arricchisce di propri pensieri, riflessioni, punti di vista. In altri termini, li interpreta soggettivamente. Per ottenere delle informazioni oggettive, occorre, invece, distinguere i fatti dalle opinioni di chi scrive. Per esemplificare, proponiamo un passo tratto da un articolo del 1869, relativo alla situazione economica italiana.

> *"Che i capitali non manchino in Italia, il Paese ha avuto modo di vederlo nelle recenti vendite di beni ecclesiastici. Restringendo questa indagine alla Lombardia, si è visto come i capitali sovrabbondassero, giacché nella maggior parte dei casi ogni stabile ebbe molteplici concorrenti, e moltissimi acquisitori, rinunciando al diritto dei pagamenti parziali e rateali, sborsarono subito l'intera somma dello stabile acquistato.*
> *Creata dunque la solidità, i capitali sortiranno fuori a fecondare le industrie e i commerci da cui oggi rifuggono quasi impauriti.*
> *Il primo ostacolo che gli industriali e i capitali trovano nelle campagne sono gli stessi proprietari dei fondi. Questi, che il lievito dei nuovi tempi e dei nuovi bisogni ha scosso assai meno che qualsiasi altra classe sociale, si trovano in una condizione di 'feudalità territoriale'. Essi che sono abituati ad avere i contadini come lavoratori necessari al loro suolo, non sanno adattarsi al pensiero che questi diventando operai possano sottrarsi alla loro autorità".*
>
> adattamento da E. Corbetta, in *Cooperazione e industria*, 1869

Le parti evidenziate in azzurro riportano gli eventi effettivamente accaduti o la situazione reale. In esse viene detto che:

1. di recente sono state effettuate delle vendite di beni ecclesiastici;
2. soprattutto in Lombardia, molti concorrenti si sono disputati l'acquisto degli stabili e numerosi acquirenti hanno pagato in contanti, senza far ricorso a sistemi di rateazione;
3. nelle campagne la situazione ricorda ancora una situazione territoriale feudale.

Le parti evidenziate in giallo, invece, contengono le opinioni dell'autore, la sua interpretazione dei fatti e pertanto non sono da considerarsi oggettive. In esse viene detto che:

1. i capitali in Italia non mancano e, una volta che si sia creata una situazione di stabilità economica, potranno essere impiegati nell'industria e nel commercio, al contrario di quanto accade al momento;
2. gli industriali però trovano nelle campagne un ostacolo a investire i propri capitali, perché i proprietari terrieri temono di non poter più controllare i contadini, una volta che questi siano diventati operai.

Ora prova tu: rileggi attentamente i seguenti brani anche più volte; sottolinea con un colore le parti che riportano fedelmente gli eventi; evidenzia quindi con un altro colore quelle in cui sono riportate le riflessioni e l'interpretazione dell'autore. Completa quindi le tabelle, sintetizzando i concetti.

I contadini in alcuni comuni si cibano di sola erba selvatica. Il pane costituisce una pietanza di vero lusso. Immaginate quindi che tipo di organismo venga su a forza di erba cotta e senza nessun condimento. In qualche paese nei dintorni di Caltanissetta i contadini, orribile a credersi, riescono ad attutire i morsi della fame ingoiando i pezzettini dei rami carnosi dei fichi d'India bolliti con la sola acqua.

adattamento da *"La Stampa"*, 1898

NOTIZIE OGGETTIVE	PARTI SOGGETTIVE

I primi effetti del crescente predominare del protezionismo nella politica doganale di quasi tutti gli Stati del mondo dovevano riuscire specialmente dannosi agli interessi dei Paesi esportatori di prodotti agricoli. La rottura del trattato commerciale con la Francia, chiuse a un tratto gli sbocchi usuali al vino pugliese, prodotto dalle innumerevoli vigne create a furia di cambiali andate a finire quasi tutte nel portafoglio del Banco di Napoli. Intanto crescevano le tasse governative per la necessità di salvare il bilancio dello Stato. E un denso velo di desolazione e di sgomento parve calare su queste belle e infelici contrade.

da S. Sonnino, *La questione meridionale*, Roma 1902

NOTIZIE OGGETTIVE	PARTI SOGGETTIVE

COMPETENZA 6

COMPRENDERE ASPETTI, PROCESSI E AVVENIMENTI FONDAMENTALI DELLA STORIA ITALIANA DALLE FORME DI INSEDIAMENTO E DI POTERE MEDIEVALI ALLA FORMAZIONE DELLO STATO UNITARIO FINO ALLA NASCITA DELLA REPUBBLICA, ANCHE CON POSSIBILITÀ DI APERTURE E CONFRONTI CON IL MONDO ANTICO

Conoscere la Storia, come sai, non vuol dire solo ricordare eventi e nomi di uomini famosi, ma significa aver chiaro il quadro economico e sociale in cui tali eventi si verificano.
È inoltre importante sapere come si sia trasformato nel tempo, fino ad arrivare ai nostri giorni, l'atteggiamento degli uomini nei confronti di leggi, usi e costumi, verso forme di governo, economia, religione. Infatti, la conoscenza della Storia ci permette di capire e interpretare il presente.
Le attività che seguono ti guidano nel percorso di ricerca e di unione di alcuni "pezzi" di un insieme più grande, disseminati in epoche diverse: alla fine otterrai un approfondimento **diacronico** (che cioè tiene conto dello sviluppo e del mutamento degli eventi attraverso il tempo) completo e chiaro su tre argomenti che abbiamo scelto, e che si riferiscono rispettivamente all'Italia (le varie forme di governo del passato, che hanno trovato maturità nell'attuale Repubblica democratica), all'Europa (la condizione della donna nel tempo) e al Mondo (dall'economia di ieri all'attuale globalizzazione).
Al tuo approfondimento, naturalmente, potrai aggiungere anche altre parti o altri argomenti di cui hai conoscenza o che avrai trovato altrove: come vedrai, i riferimenti al tuo libro di testo (volume e pagine dove puoi trovare la trattazione e l'approfondimento degli argomenti) sono posti tra parentesi. Dove, invece, sarebbe opportuno fare anche altre ricerche, abbiamo posto fra parentesi l'indicazione *cerca*.
Questi, ovviamente, sono suggerimenti, che non escludono altri percorsi e altre scelte da parte tua (compresa quella di svolgere anche solo una parte del percorso stesso).
Ricordati che al fondo del tuo lavoro è necessario specificare le fonti, riportare cioè, oltre alla citazione del tuo libro (autori, titolo, casa editrice, volume), anche eventuali altri libri, riviste o indirizzi Internet da te utilizzati.
Buon lavoro!

L'Italia: dalle antiche Monarchie alla Repubblica parlamentare

per il III anno

Umberto II alle urne.

Come sai, il nostro Paese è, dal 1946, una Repubblica parlamentare: c'è il Parlamento formato da due Camere (dei Deputati e Senato), eletto direttamente da tutti i cittadini maggiorenni, che stila le leggi (potere legislativo), il Governo che si occupa di politica interna, estera, economica (potere esecutivo) applicando le leggi, e la Magistratura (insieme dei giudici), il cui compito è giudicare i colpevoli di reato (potere giudiziario). C'è infine il presidente della Repubblica, eletto dal Parlamento. La Repubblica, inoltre, ha nella Costituzione una carta fondamentale, che definisce i doveri e tutela i diritti di tutti i cittadini. Il nostro Paese, quindi, è democratico: non ci sono sudditi, ma cittadini, che con il loro voto determinano l'operato di Parlamento e Governo. Ma la democrazia è stata una lenta, progressiva e dura conquista. Come vi si è arrivati?

1. Premessa: la democrazia, un sistema di governo che viene da lontano

Dove è nata la democrazia? Nell'antica Grecia, ad Atene, grazie all'azione di Solone, ma soprattutto di Clistene e di Pericle (*Antiche Civiltà, pagg. 61, 62, 70*). Un documento interessante, a questo proposito, è la *Lettera di Pericle sulla democrazia* (*cerca*).

2. L'antica Roma: dalla Monarchia all'Impero

La storia politica di Roma inizia con la Monarchia, in cui un re deteneva ogni potere e governava affiancato da un'assemblea di nobili *(Antiche civiltà, pag. 91*). Nel 509 a.C. Roma passa a un sistema repubblicano: come era organizzato? (*Antiche Civiltà, pag. 92)*. Naturalmente dovrai anche sottolineare il fatto che la Repubblica romana era ben diversa dal tipo di governo che intendiamo noi oggi con questo nome: infatti le cariche più importanti non potevano essere ricoperte da tutti, ma erano assunte da una ristretta oligarchia di ricche famiglie, sia patrizie sia plebee (*Antiche Civiltà, pag. 92*). Puoi spiegare che questa soluzione è adottata quando una parte di plebei, arricchitasi soprattutto con i commerci, esige di contare politicamente.

Puoi soffermarti ora sulla crisi della Repubblica e sul passaggio del potere a un ristretto gruppo di uomini (I e II triumvirato): perché? Con quali conseguenze? *(Antiche Civiltà, pagg. 104, 105).*

Per concludere con Roma, sarebbe opportuno che tu parlassi anche dell'Impero: com'era organizzato?

3. Un impero medievale: il Sacro Romano Impero

Spostandoti nell'Alto Medioevo, potresti soffermarti su un altro tipo di impero, quello di Carlo Magno, di cui anche l'Italia fa parte: com'era organizzato? A questo punto potresti introdurre un argomento che diviene importante da Carlo Magno in poi e che caratterizzerà molti periodi storici: il rapporto tra il potere politico (imperatore) e il potere religioso. (*Volume 1, Parte 2, U1.2*)

4. La disgregazione del potere centrale: il feudalesimo

Giunto a questo punto, è bene parlare della disgregazione del potere centrale: finita l'epoca carolingia, l'Italia, come il resto dell'Europa, è frammentata in tanti feudi, in mano ad altrettanti signori e feudatari: quali caratteristiche aveva questa organizzazione politica? Chi deteneva tutto il potere? Quali ripercussioni aveva a livello sociale? (*Volume 1, Parte 2, U2.2-3*).

5. La rinascita delle città: il potere in mano a un'oligarchia benestante

La civiltà comunale, come sai, è resa possibile dalla ripresa dei commerci e delle attività finanziarie; nasce una nuova classe sociale, la borghesia, cui vengono affidate importanti cariche politiche. Nasce anche un Parlamento, il cui governo è affidato a un ristretto gruppo di cittadini: quali fasi caratterizzano l'organizzazione politica della città? (*Volume 1, Parte 3, U2.4*).

6. Dalle Signorie agli Stati regionali: il potere nelle mani del signore

Il Comune, scosso da lotte interne, evolve e diviene prima Signoria, poi Principato, infine Stato regionale: il potere politico torna ad essere ereditario, mentre il parlamento comunale scompare. In che modo il signore governa? Potresti anche, a questo punto, fare un rapido cenno al fatto che l'Italia centro settentrionale rimane frammentata politicamente, mentre in Europa si affermano le Monarchie nazionali (*Volume 1, Parte 3, U3.1*).

7. La fine e la riconquista dell'indipendenza: dalla sottomissione alle forze straniere all'unità sotto il segno della Monarchia

Dopo un breve cenno alla fine dell'indipendenza italiana e alla situazione della Penisola sotto il governo spagnolo (*Volume 2, Parte 2, U1.3*) e quello austriaco dopo la Pace di Aquisgrana (*Volume 2, Parte 3, U1.2*), puoi parlare delle diverse ideologie politiche proprie del periodo risorgimentale (*Volume 2, Parte 4, U1.2*), per giungere poi alla Monarchia sabauda che governò il nostro Paese a partire dal 1861 (*Volume 2, Parte 5, U1.1*). Sarebbe anche interessante dare uno sguardo agli articoli fondamentali dello Statuto albertino, che fu la Costituzione del nuovo Stato, per capire come funzionava questo nuovo Stato e chi deteneva realmente il potere.

8. La sospensione delle libertà e delle garanzie costituzionali: la dittatura fascista.

È arrivato il momento di concentrarsi sui termini "dittatura" e "totalitarismo" e sulle caratteristiche di questo tipo di regime: chi detiene tutto il potere? Come lo esercita? Esistono ancora libertà e garanzie per i cittadini? Si può parlare ancora di cittadini o sono ormai sudditi? (*Volume 2, Parte 2, U2.8*).

Sfilata fascista davanti al Quirinale.

9. Il ritorno della democrazia: la nascita della Repubblica

Finalmente, dopo la II Guerra Mondiale e la sconfitta del fascismo, in Italia trionfa la democrazia e nasce una nuova forma istituzionale: la Repubblica. Come è organizzata? Qual è il suo funzionamento? A chi sono affidati i vari poteri? Quali sono i princìpi fondamentali della nuova Costituzione? (*Volume 3, Parte 4, U3.3, Protagonisti*, inoltre il volumetto *Cittadinanza e Costituzione*, a partire dalla *pag. 82*). Il termine democrazia significa soltanto avere la possibilità di recarsi alle urne oppure esiste anche un modo di vivere e di tenere vivo questo prezioso modello di istituzione politica? (*Cittadinanza e Costituzione, pag. 74 e segg.*).

Potrebbe essere utile terminare con un **piccolo glossario**, in cui elenchi in ordine alfabetico i seguenti termini ponendo, accanto a ciascuno, la relativa definizione: *dittatura, impero, monarchia, monarchia costituzionale, oligarchia, repubblica*.

CONOSCERE ASPETTI E PROCESSI FONDAMENTALI DELLA STORIA EUROPEA MEDIEVALE, MODERNA E CONTEMPORANEA, ANCHE CON POSSIBILITÀ DI APERTURE E CONFRONTI CON IL MONDO ANTICO

La condizione della donna nel tempo: una disuguaglianza difficile da superare

per il III anno

Come sai, nella fase iniziale dell'età della pietra la donna era vista come un essere straordinario, quasi divino, in quanto aveva la possibilità di procreare altri individui; proprio per questo motivo si suppone che nelle prime famiglie prevalesse l'autorità femminile (matriarcato). La sua condizione mutò quando si affermò il patriarcato, ovvero la prevalenza dell'autorità maschile: erano gli uomini che si occupavano di cacciare, pascolare, macellare il bestiame, mentre le donne rimanevano sempre più accanto al focolare per occuparsi dei figli e dei lavori domestici.
Da quel momento il cammino delle donne è stato molto lungo e difficile, come ardua è stata la strada verso i diritti civili e politici tanto che ancora oggi, anche nei Paesi democratici più avanzati, il traguardo dell'uguaglianza con il sesso maschile non è ancora stato raggiunto.

1. **Premessa: gli albori della discriminazione**
   In questa parte puoi ripetere con parole tue quanto detto qui sopra a proposito del passaggio dal matriarcato al patriarcato, aiutandoti anche col tuo testo *(Antiche Civiltà, pag. 11).*
   Ricordi dell'importanza della donna e del suo ruolo sacro legato alla riproduzione sopravvivono solo in alcuni riti religiosi, al centro dei quali c'erano figure femminili interpretate come divinità della fertilità e della procreazione *(Antiche Civiltà, pag. 53).*

2. **La condizione della donna nelle antiche civiltà**
   Con l'affermazione del patriarcato, il ruolo sociale della donna perde ogni importanza, salvo alcune eccezioni come l'antico Egitto, in cui il ruolo delle donne fu quasi pari a quello degli uomini: vi furono infatti sacerdotesse, donne scriba e anche donne medico della casa reale *(Antiche Civiltà, pag. 30).*
   La civiltà cretese conserva tracce delle divinità femminili (dee-madri), signore della fertilità agricola. Non a caso nei miti le figure femminili sono centrali. La più antica eroina della mitologia cretese è, per esempio, colei che diede il nome al nostro Continente: Europa. (*cerca*)
   Ad Atene, città-Stato che stava compiendo il suo percorso verso una forma politica avanzatissima per l'epoca, cioè la democrazia, le donne vivevano in condizione di completa subordinazione all'uomo (padre, fratello, marito) (*Antiche Civiltà, pag. 61*). A Sparta, invece, dove una ristretta oligarchia deteneva il potere, le donne godevano di maggiore libertà, in quanto genitrici di futuri buoni soldati per la pòlis (*Antiche Civiltà, pag. 60*).
   Al di là dell'eccezione spartana, il ruolo a cui la donna greca doveva attenersi è evidente anche dalla letteratura dell'epoca. Dell'*Iliade* e dell'*Odissea* di Omero, possiamo ricordare almeno due

La Venere di Willendorf.

episodi: quello in cui Andromaca, moglie dell'eroe troiano Ettore, dopo aver dato l'addio al marito, torna ai lavori domestici ("telaio e fuso [poiché] alla guerra penseran gli uomini") e quello che vede come protagonista Penelope, moglie di Ulisse, che attende pazientemente per anni il ritorno del marito, tessendo una tela. Puoi utilizzare questi due episodi per arricchire il tuo lavoro di approfondimento.

Un'altra eccezione è costituita dalla società etrusca, in cui le donne godevano di un prestigio sociale e di un rispetto del tutto particolare e venivano trattate alla pari del marito.

Nella Roma antica la società era rigidamente di tipo patriarcale: il *pater familias* aveva autorità assoluta su figli e moglie, dei quali poteva anche decidere la morte. Soltanto nella Roma imperiale si assiste a un graduale miglioramento della condizione femminile all'interno del nucleo familiare e dell'intera società, tanto che, nelle classi più elevate, fecero la loro comparsa donne avvocato, medico e poetesse.

Una donna che merita particolare attenzione è stata la filosofa, matematica e astrologa Ipazia, nata ad Alessandria d'Egitto nella seconda metà del IV secolo e morta assassinata da un gruppo di fanatici (*cerca*).

3. La donna nel Medioevo

La discriminazione nei confronti della donna continuò anche dopo la caduta dell'Impero Romano: durante la dominazione longobarda in Italia, le donne avevano addirittura un "prezzo", con cui il futuro marito le acquistava dal padre (*Volume 1, Parte 1, U4.3*).

Successivamente la legge del maggiorascato (*Volume 1, Parte 2, U2.3*) garantiva l'eredità delle terre solo al primo figlio di sesso maschile; molte ragazze, pertanto, furono indotte a scegliere la via del convento.

Durante l'epoca comunale, l'iscrizione alle Corporazioni delle arti (che offriva tutela economica e permetteva l'accesso alle magistrature del Comune) era vietata alle donne (*Volume 1, Parte 3, U2.5*); l'Università di medicina di Salerno era inoltre l'unica a cui potessero iscriversi anche le donne, solo se sposate (esse rimanevano escluse anche dalla vita culturale, poiché l'istruzione era ritenuta per loro, destinate alla vita domestica, inutile se non addirittura dannosa) (*Volume 1, Parte 3, U2.7*).

4. Le novità del Rinascimento non riguardano la condizione femminile

Le straordinarie novità culturali, tecniche e scientifiche dell'età rinascimentale non modificarono molto la vita delle donne. Infatti, se da un lato alcune donne riuscirono a svolgere ruoli fino allora impensabili (donne mecenate, poetesse, studiose), dall'altro per la maggior parte di loro nulla cambiò: gli stessi Umanisti, infatti, erano sfavorevoli ad aperture culturali nei confronti delle donne.

Nel celebre affresco di Raffaello, raffigurante **la scuola di Atene**, è riconoscibile, tra i vari personaggi, la filosofa **Ipazia**, vissuta ad Alessandria nel IV secolo d.C.

5. **Il Seicento: il secolo della "caccia alle streghe"**

In questo secolo, tristemente noto per la "caccia alle streghe", non solo la condizione della donna non mutò, ma molte morirono arse sui roghi, accusate di aver avuto rapporti con il diavolo (*Volume 2, Parte 2, U2, Focus*).

6. **Il Settecento: trionfa la ragione, ma continua la discriminazione femminile**

Nel XVIII secolo l'Illuminismo segna l'inizio di un nuovo corso storico, che produce, tra l'altro, la Rivoluzione francese. Ma, per le donne, la situazione rimane sostanzialmente invariata: per i filosofi illuministi, infatti, con qualche piccola eccezione, la donna era incapace di utilizzare il ragionamento astratto, per cui avrebbe dovuto solo mettere in pratica ciò che l'uomo pensava, oltre, naturalmente, a occuparsi di casa e figli.

Durante la Rivoluzione francese, le donne diedero ampia prova dell'importanza del proprio contributo, intervenendo spesso in prima persona e in modo organizzato agli eventi rivoluzionari di quel periodo (*Volume 2, Parte 3, U3, Focus*).

Una importante personalità di quel periodo fu Olympia de Gouges, autrice della *Dichiarazione dei Diritti della Donna e della Cittadina*, stilata nel 1791.

7. **Con Napoleone l'inferiorità giuridica della donna è sancita dal Codice Civile**

Il Codice Civile di Napoleone (1804) riconobbe importanti diritti e libertà, come l'uguaglianza dei cittadini di fronte alla legge, la libertà di pensiero, di coscienza e così via. Tuttavia sanciva l'inferiorità giuridica della donna, ne limitava i diritti civili e ne confermava l'esclusione da quelli politici. Nel "diritto di famiglia", inoltre, veniva rafforzata l'autorità del marito (*Volume 2, Parte 3, U5.4*).

8. **Le lotte femminili dell'inizio del Novecento**

Con l'industrializzazione crebbe anche il peso delle donne nell'attività produttiva; ma, nonostante ciò, perdurava nei loro confronti una forte discriminazione. Iin tutti i Paesi europei si moltiplicarono i movimenti di protesta delle donne, che rivendicavano con forza innanzitutto il diritto al voto, guadagnandosi l'appellativo dispregiativo di *suffragette* (*Volume 3, Parte 1, U1.9*).

Una manifestazione di suffragette, per le vie di Londra, all'inizio del Novecento.

9. La condizione delle donne in Italia durante il fascismo

Durante la dittatura fascista il ruolo della donna era tra le mura domestiche: doveva essere una perfetta donna di casa, in grado di sostenere il capo famiglia e, soprattutto, doveva dare alla patria quanti più figli possibile. La figura femminile, pertanto, era del tutto subordinata a quella maschile ed era unicamente considerata come strumento di procreazione, inadatta per qualsiasi altro tipo di attività (*Volume 3, Parte 3, U1, Cittadinanza*).

10. Le donne conquistano il diritto di voto

In Italia le donne furono per la prima volta ammesse al voto il 2 giugno del 1946, allorché tutti i cittadini maggiorenni furono chiamati a pronunciarsi sia per il referendum istituzionale (dovevano cioè scegliere tra Monarchia e Repubblica), sia nella scelta dei candidati che avrebbero fatto parte dell'Assemblea Costituente (che avrebbero stilato la nuova Costituzione).

Per quanto riguarda invece le elezioni politiche, esse votarono per la prima volta nel 1948 (*Volume 3, Parte 4, U3.4, Cittadinanza*). Altri Paesi europei concessero invece il voto alle donne anche molti anni prima, pochi altri successivamente (*cerca*).

11. Le battaglie femministe degli anni Settanta del Novecento

A partire dalla fine degli anni Sessanta del secolo scorso dagli Stati Uniti giunse in Europa un'ondata di contestazione (il cosiddetto "Sessantotto"), che interessò movimenti studenteschi, operai e anche movimenti femministi; questi ultimi, in particolare, con le loro lotte, portarono un profondo rinnovamento nella mentalità all'interno della società e della famiglia. In questo contesto, in Italia venne introdotta la legge che permetteva il divorzio e fu varato il nuovo diritto di famiglia (*Volume 3, Parte 4, U4, Arte e pensiero*).

12. Conclusione

Puoi terminare il tuo lavoro con un'osservazione sulla condizione della donna oggi: è stata anche nei fatti (e non solo con le leggi) superata la discriminazione verso il mondo femminile? Nei posti chiave della politica e dell'economia c'è una presenza femminile più o meno paritaria a quella maschile? Nella mentalità comune, è riuscita la donna finalmente a ottenere la stessa dignità dell'uomo? Per svolgere questa riflessione, oltre che guardarti attorno, potresti pensare ai numerosi modi di dire ancora utilizzati (*auguri e figli maschi, chi dice donna dice danno, donne e buoi dei paesi tuoi*, e così via) e, soprattutto, ai gravi episodi di violenza di cui la donna è vittima.

Assemblea di femministe nel 1977.

CONOSCERE ASPETTI E PROCESSI FONDAMENTALI DELLA STORIA MONDIALE, DALLA CIVILIZZAZIONE NEOLITICA ALLA RIVOLUZIONE INDUSTRIALE, ALLA GLOBALIZZAZIONE

Un potente motore della storia: l'economia

per il III anno

Nella storia gli uomini sono stati agricoltori, allevatori, artigiani e mercanti, poi anche operai e proprietari di industrie. Questo sistema lineare si è complicato nell'ultimo mezzo secolo, in cui il settore terziario ha subito delle trasformazioni inimmaginabili (pensa, ad esempio, ai settori informatico, telematico o, ancora, a quello della ricerca) e si è affermata la globalizzazione, che ha radicalmente cambiato i rapporti fra Paesi e fra aree dell'intero Pianeta.
L'economia, quindi, non solo ha da sempre accompagnato le attività umane, ma le ha orientate, caratterizzate, trasformate: è stata, in altre parole, un potente motore, in grado di effettuare grandi cambiamenti, primo fra tutti quello dell'organizzazione sociale.

1. Premessa: si può parlare di economia già nella Preistoria?

Sin dal momento della sua presenza sulla Terra, l'uomo ha agito per soddisfare i propri bisogni: mangiare, trovare un rifugio, scaldarsi. Pertanto ha dovuto creare le condizioni opportune per la propria sopravvivenza, tramite il lavoro, che è l'attività su cui si basa l'economia (*Antiche Civiltà, pagg. 10, 11*). Come sai, il passaggio dal Paleolitico al Neolitico è stato determinato da fattori economici (l'uomo nomade, raccoglitore e cacciatore, diviene agricoltore e allevatore, e quindi sedentario), che hanno avuto come conseguenza anche importanti mutamenti sociali: nascono i primi villaggi, che rendono poi possibile la rivoluzione urbana, in cui assistiamo alla divisione del lavoro (funzionari, scribi, mercanti, artigiani) e, quindi, alla prima differenziazione in classi sociali (*Antiche Civiltà, pag. 11*).

2. Agricoltura e rotte commerciali nel Vicino Oriente

Sia in Egitto sia in Mesopotamia l'agricoltura era molto sviluppata, soprattutto lungo il corso dei fiumi, così come l'allevamento (*Antiche Civiltà, pagg. 21, 34*). Le prime tracce di commerci risalgono proprio alla nascita dei centri urbani delle civiltà fluviali, che scambiavano tra loro le eccedenze agricole, i manufatti artigianali, i metalli, il legname (*Antiche Civiltà, pag. 21; cerca*). Con la nascita del commercio, ovviamente, accanto ai proprietari terrieri (aristocrazia terriera), sempre più importanza nella scala sociale acquistarono anche i mercanti.

3. I grandi commerci marittimi dell'antichità

I commerci nel Mediterraneo orientale si svilupparono sempre più: se il re persiano Dario fece costruire tra il golfo di Suez e il Nilo un canale che permettesse la navigazione fino al Mediterraneo (*Antiche Civiltà, pag. 27*), i Fenici imposero un vero e proprio monopolio sui commerci via mare (tali commerci, cioè, diventarono loro appannaggio quasi esclusivo), effettuando trasporti anche per conto di altre popolazioni (*Antiche Civiltà, pag. 41*). Proprio per facilitare la stesura dei documenti relativi agli scambi, i Fenici inventarono la scrittura e iniziarono a utilizzare la moneta al posto del baratto.

Bassorilievo raffigurante una **nave fenicia**.

Anche l'isola di Creta (civiltà minoica), situata nel cuore del Mediterraneo orientale, si impose nei grandi commerci internazionali, basati sulla talassocrazia, cioè sul dominio marittimo (*Antiche Civiltà, pag. 51*).
La guerra tra gli Achei (civiltà micenea, in Grecia) e la città di Troia fu d'altro canto combattuta per conquistare il controllo dei commerci tra Mediterraneo e Mar Nero (*Antiche Civiltà, pag. 55*).
La Grecia, fondò molte colonie sulle coste della Macedonia, del Mar Nero, dell'Africa settentrionale, della Gallia, dell'Italia meridionale e di altri Paesi, che costituirono importanti scali commerciali (*Antiche Civiltà, pag. 64*).
I mercanti, sempre più importanti esigono da un ruolo attivo all'interno della politica della *pòlis* e così Atene iniziò il percorso politico che vide il ridimensionamento del potere dell'aristocrazia a favore dei "nuovi ricchi" (*Antiche Civiltà, pagg. 62, 63*).
A Roma l'economia agricola, che ruotava attorno a una residenza-fattoria chiamata *villa*, si basava su manodopera fornita dagli schiavi (prigionieri di guerra), che frenò le innovazioni tecnologiche (*Antiche Civiltà, pag. 99*).
Con l'espandersi territoriale di Roma si incentivò il commercio, grazie anche alla costruzione di un complesso sistema di strade e allo sviluppo di una grande flotta commerciale.
Fu proprio quando l'economia iniziò a languire che l'impero entrò in crisi: l'inasprimento fiscale per sostenere un esercito sempre più numeroso e costoso causò la perdita di valore della moneta, l'aumento dei prezzi e anche l'abbandono dei campi (*Volume 1, Parte 1, U1.1*).

4. Il Medioevo: dall'economia di sussistenza alla ripresa dei commerci

I regni romano-barbarici segnarono l'inizio di un'economia prettamente agricola: durante la dominazione longobarda in Italia i mercati furono limitati ai villaggi, mentre le comunità si organizzavano in centri agricoli che producevano per l'autoconsumo (*Volume 1, Parte 1, U4.5*); si sviluppò nel contempo una produzione artigianale (armi, gioielli, monili). L'agricoltura di sussistenza caratterizzò tutto l'Alto Medioevo, in cui prevalse l'organizzazione politica detta feudalesimo (*Volume 1, Parte 2, U2.2*).
Dopo il Mille, con la rivoluzione agricola e la rinascita delle città (*Volume 1, Parte 3, U1.1-2, Crocevia della storia; U2.1*), ripresero i commerci in tutta Europa (*Volume 1, Parte 3, U2.3*). Si rafforzò di conseguenza la borghesia mercantile e, subito dopo, quella finanziaria (*Volume 1, Parte 3, U2.5*). Particolarmente attive nei commerci furono le Repubbliche marinare, che si contesero il dominio sul Mediterraneo (*Volume 1 , Parte 3, U2.6*) e che rafforzarono i propri affari in seguito alle Crociate (*Volume 1, Parte 4, U2.3*).

Un cambiavalute e sua moglie, dipinto di Quentin Metsys del 1514.

La situazione precipitò nel Trecento, secolo funestato da carestia e peste, in cui la produzione agricola cominciò a diminuire, dando inizio a un processo di crisi economica generalizzata, nella quale si succedettero fallimenti bancari (*Volume 1, Parte 5, U1.1*).
Dopo la crisi del Trecento poco alla volta ci fu un nuovo incremento demografico che in alcune regioni, come nell'Italia del Centro - Nord, favorì, la ripresa economica.

5. Le scoperte geografiche aprono un nuovo orizzonte economico

L'economia trovò nuovi stimoli grazie alle scoperte geografiche tra la fine del Quattrocento e l'inizio del Cinquecento, che resero possibile un infittirsi di commerci tra il Vecchio e il Nuovo Mondo (*Volume 2, Parte 1, U1.6-7*): l'asse commerciale si spostò progressivamente dal Mediterraneo verso l'Oceano Atlantico (*atlantizzazione*).

Insieme alla figura del mercante - imprenditore, anche le banche assunsero enorme importanza; inoltre aumentarono sia la produzione agricola sia quella artigianale e manifatturiera (*Volume 2, Parte 2, U1.47*).

Contemporaneamente, tuttavia, si ebbe un rialzo dei prezzi, che causò una seria inflazione (*Volume 2, Parte 2, U1.1*).

6. Il Seicento: il crollo dell'agricoltura

Il Seicento, dal punto di vista economico, è il secolo della carestia e della peste: si contraggono i consumi e crolla la produzione, mentre nelle campagne si assiste al fenomeno della *rifeudalizzazione* (*Volume 2, Parte 2, U1.1*). Particolarmente colpiti dalla crisi furono i Paesi mediterranei la cui economia era prevalentemente agricola (*Volume 2, Parte 2, U1.2, Focus*), mentre si rafforzarono Paesi come l'Olanda e l'Inghilterra, dove la borghesia mercantile e finanziaria era ormai consolidata, che risposero alla crisi con gli scambi internazionali (*Volume 2, Parte 2, U1.4-5*). I commerci diventarono particolarmente floridi anche in seguito alla tratta degli schiavi, catturati sulle coste africane e venduti nelle Americhe come "merce da lavoro" (*Volume 2, Parte 2, U1.4-5-6*).

7. Una svolta economica radicale: la Rivoluzione industriale

Il Settecento è il secolo della Prima Rivoluzione industriale, che cambia radicalmente il modo di produrre e la società: la produzione si concentra nelle fabbriche cittadine, che attirano numerosa mano d'opera dalle campagne. Le macchine favoriscono la produzione in serie, per cui i prezzi calano e sempre più persone possono permettersi beni prima riservati a pochi. Nascono due nuove classi sociali: i capitalisti, o borghesia industriale, che possiedono fabbriche e macchinari, e il proletariato urbano che, in cambio del proprio lavoro svolto in ambienti malsani, ottiene un salario ampiamente al di sotto delle proprie necessità. Lavorano per molte ore al giorno, anche i bambini. Le città, nel frattempo, cambiano il proprio aspetto. Dall'Inghilterra, dove ebbe inizio, la Rivoluzione industriale si estese poi ad altri Paesi (*Volume 2, Parte 3, U4*).

Lavoro minorile all'epoca della Rivoluzione Industriale.

8. I moti rivoluzionari dell'Ottocento: la borghesia rivendica un maggiore coinvolgimento politico nei rispettivi governi e libertà senza limiti alla propria azione economica

In Europa lo sviluppo industriale accresce la potenza della borghesia, che non tollera limitazioni alla propria azione economica e vorrebbe contare di più in politica. Proprio la borghesia crea le condizioni per le rivolte della prima metà dell'Ottocento, in particolare per quella del '48, accelerata da una grave crisi economica (*Volume 2, Parte 4, U2.1-2-3-4*).

9. Dall'Italia agli Stati Uniti: l'economia accompagna il corso degli eventi

Dopo l'unificazione il nuovo governo italiano si trovò a fronteggiare, tra gli altri, il grave problema economico del Sud, che lo indusse a una serie di pesanti tassazioni, le quali colpirono in modo particolare i ceti più bassi, e a creare le condizioni per un mercato nazionale interno (*Volume 2, Parte 5, U2.3*).

Nel frattempo continuava l'espansione coloniale dell'Inghilterra (*Volume 2, Parte 5, U3.1*); anche la Francia diede l'avvio a un grande sviluppo industriale e consolidò i propri possedimenti coloniali (*Volume 2, Parte 5, U3.2*). La Russia, al contrario non conosceva ancora l'industrializzazione e si basava essenzialmente su un'agricoltura di tipo feudale (*Volume 2, Parte 5, U3.5*).

Motivi di tipo economico furono anche alla base della guerra civile americana (1861-1865): si fronteggiarono, infatti, gli Stati del Nord, a economia prevalentemente industriale e interessati a una politica protezionistica, e gli Stati del Sud, a economia prevalentemente agricola (cotone, tabacco) e interessati a una politica liberoscambista (*Volume 2, Parte 5, U3.7*).

10. La Seconda Rivoluzione industriale

Gli ultimi decenni dell'Ottocento conobbero in Europa un'espansione industriale senza precedenti: una serie di circostanze rese possibile quella che fu chiamata Seconda Rivoluzione industriale. Questa età, caratterizzata dall'elettricità e dal petrolio pose le basi economiche e sociali che ancora oggi caratterizzano il mondo occidentale (*Volume 3, Parte 1, U1.1-2*).

In quest'ambito un ulteriore passo in avanti verso l'aumento della produzione fu rappresentato dalla cosiddetta "razionalizzazione produttiva", teorizzata dallo statunitense Taylor, che eliminava i tempi morti della produzione frazionando al massimo le mansioni di ciascun operaio. L'applicazione di tale teoria fu la catena di montaggio, utilizzata per primo dallo statunitense Henry Ford nella sua industria automobilistica (*Volume 3, Parte 1, U1.5*).

La necessità di aumentare sempre più la produzione battendo la concorrenza, spinse le industrie più forti a creare trust e cartelli che inglobavano le imprese minori (*Volume 3, Parte 1, U1.6*).

La catena di montaggio alle officine Ford.

11. L'Europa alla ricerca delle materie prime: l'età degli imperi coloniali e l'imperialismo statunitense

Lo sviluppo industriale ed economico spinse i vari Paesi europei verso la conquista e la colonizzazione di territori, soprattutto in Africa e in Asia, per rifornirsi di materie prime e per acquisire mercati su cui vendere i prodotti finiti: iniziò così una vera e propria corsa alla colonizzazione (*Volume 3, Parte 1, U2*). Gli Stati Uniti, da parte loro, diressero la loro spinta imperialistica nell'America centro-meridionale e in Estremo Oriente (*Volume 3, Parte 1, U2.6*).

12. La situazione economica alla fine della Prima Guerra Mondiale

Arresto demografico e grave crisi economica accompagnarono in Europa il periodo immediatamente successivo alla Prima Guerra Mondiale: i costi altissimi della ricostruzione richiesero l'emissione, nei vari Stati, di carta moneta, che causò una forte inflazione e l'impennata dei prezzi, con drammatiche conseguenze sociali (*Volume 3, Parte 3, U1*).

13. La grande crisi del '29

Verso la fine degli anni Venti l'eccessiva produzione statunitense non riuscì più a essere smaltita sul mercato, molte merci rimasero nei magazzini e i loro prezzi diminuirono drasticamente. Ne seguì una vera e propria catastrofe economica, poiché i prezzi delle azioni delle aziende produttrici crollarono: enormi capitali andarono in fumo, insieme ai piccoli risparmi di semplici cittadini. Questo stato di cose si protrasse per circa tre anni, dando luogo a una grande depressione, che negli anni successivi colpì anche l'Europa, e che venne gradualmente risolta dal presidente Roosevelt con il *New Deal* (Nuovo Corso). (*Volume 3, Parte 3, U1.2-3*).

Disoccupati in coda per l'assegnazione di un posto di lavoro durante la crisi del 1929.

14. Il secondo dopoguerra

Con la fine della Seconda Guerra Mondiale era urgente l'opera di ricostruzione: gli impianti industriali statunitensi erano gli unici capaci di fornire prodotti al mercato europeo. Inoltre nel 1947 fu varato il Piano Marshall, che prevedeva un aiuto economico di 13 milioni di dollari da parte degli Stati Uniti a quegli Stati che avrebbero dato vita a governi filoamericani. Anche l'Italia usufruì di tali aiuti (*Volume 3, Parte 4, U3, Focus*).

Il nostro Paese visse poi, tra la fine degli anni Cinquanta e gli inizi dei Sessanta, un periodo economico estremamente favorevole, chiamato "miracolo economico": le fabbriche del triangolo industriale (Torino, Milano, Genova) moltiplicarono la loro produzione, che riversarono sui mercati esteri e su quello interno. Molti oggetti come l'automobile, gli elettrodomestici, la radio e la televisione, fecero il loro ingresso nelle case degli Italiani. Tuttavia, la concentrazione delle attività nel triangolo industriale causò una forte emigrazione dal Sud e notevoli squilibri sociali (*Volume 3, Parte 3, U3.6*). Nel frattempo nel mondo iniziò il processo di decolonizzazione (*Volume 3, Parte 4, U2.2-3*).

15. L'età post industriale e la globalizzazione

Mentre negli ultimi anni del Novecento cresce l'importanza economica dell'Asia (in particolare di Cina, India e Sud-Est asiatico), sempre più si parla di età post industriale, poiché il settore economico trainante non è più quello secondario, ma il terziario avanzato (informatica, telematica, ricerca). Si tratta tuttavia di una rivoluzione che interessa solo alcune aree del Pianeta, mentre molti Paesi devono ancora quotidianamente affrontare problemi gravissimi come la fame e la mancanza d'acqua potabile. Contemporaneamente si è affermata la "globalizzazione": si tratta di un processo economico, sociale e culturale, che riguarda tutto il mondo e che crea interdipendenza fra i vari Stati del Pianeta. Tale fenomeno ha diviso l'opinione pubblica (*Volume 3, Parte 5, U3*).

CONOSCERE ASPETTI E PROCESSI ESSENZIALI DELLA STORIA DEL PROPRIO AMBIENTE

1. Ricostruire la memoria

per il III anno

Per quanto riguarda gli avvenimenti accaduti grosso modo dalla seconda metà del secolo scorso è ancora possibile avvalersi delle testimonianze orali di persone che sono state protagoniste o hanno assistito a tali eventi. Prova a interrogare qualcuno dei tuoi parenti o conoscenti sui fatti storici più importanti di questo periodo (guerra, dopoguerra, emigrazione, Sessantotto...) e riportali in un testo.

Ti proponiamo inoltre un lavoro di ricerca. Tutti i Comuni italiani hanno dedicato vie, piazze, lapidi o monumenti ai caduti delle guerre.

Cercane alcuni nel tuo quartiere o nel tuo paese: di che cosa si tratta? Che cosa ricordano?

Quali informazioni è possibile trarre?

CONOSCERE ASPETTI DEL PATRIMONIO CULTURALE, ITALIANO E DELL'UMANITÀ, E METTERLI IN RELAZIONE CON I FENOMENI STORICI STUDIATI

1. Leggere un "documento non scritto": la fonte iconografica

per il II anno

Diego Velàzquez (1599-1660), *Vecchia che cucina delle uova.*

Annibale Carracci (1560-1609), *Il mangiafagioli.*

Oggetti usati nella vita di tutti i giorni (arredi, opere architettoniche e urbanistiche, tessuti, gioielli, oltre alle opere pittoriche e alle sculture) sono, insieme a molti altri, elementi importantissimi per aiutare lo storico nella **ricostruzione del passato**. Si tratta dei cosiddetti "documenti non scritti", nei quali è possibile rintracciare numerose testimonianze degli usi, dei costumi, delle tradizioni, degli aspetti economici e sociali appartenenti a una determinata epoca. Naturalmente è essenziale saperli "leggere", andare cioè oltre uno sguardo sommario per vedere i singoli particolari (personaggi, ambienti, simboli, ecc.). Come prima cosa è indispensabile contestualizzare l'opera (ovvero porla nel contesto, nel periodo storico e nell'area geografica in cui è stata prodotta), allo scopo di capirne meglio il contenuto. Nei due quadri qui sopra, per esempio, rispettivamente del pittore spagnolo Diego Velàzquez e dell'italiano Annibale Carracci, sono ritratti due momenti consecutivi: la preparazione e la consumazione del pasto. I personaggi appartengono a classi umili e sono vestiti miseramente; il cibo è costituito da uova fritte, formaggio (in mano al ragazzo), fagioli e pane, oltre a un po' di verdura e di vino; sono utilizzati i cucchiai (in legno) e i coltelli. Mancano invece le forchette che, ideate nel Medioevo, impiegheranno ancora del tempo per diffondersi nell'uso quotidiano.

CONOSCERE ASPETTI DEL PATRIMONIO CULTURALE, ITALIANO E DELL'UMANITÀ, E METTERLI IN RELAZIONE CON I FENOMENI STORICI STUDIATI

Questo dettagliatissimo dipinto, del fiammingo Pieter Bruegel, detto il Vecchio, ci offre invece una straordinaria "fotografia" dei giochi all'aperto con cui all'epoca si divertivano i bambini; è ambientato in una città olandese durante un giorno di festa e illustra molti giochi (quello del cerchio, della botte, la trottola, il salto della quaglia, il cavalluccio, ecc.).

Prova a individuarne il maggior numero possibile!

Pieter Bruegel il Vecchio (1525/1530-1569), *Giochi di fanciulli*.

Ora prova invece a leggere la stampa che ti proponiamo qui sotto.

Ti forniamo alcuni aiuti: si tratta del dettaglio di una illustrazione del 1685, che rappresenta la repressione attuata dagli Spagnoli nei confronti degli Olandesi, i quali rivendicavano l'indipendenza delle Fiandre dalla Spagna.

Esecuzione in massa dei cittadini di Haarlem, accusati di essere discepoli del demonio, dopo la caduta delle Fiandre sotto il potere di Fernando Alvarez di Toledo.

Accanto a ogni frase che ti proponiamo, riporta il numero corrispondente scegliendolo fra quelli che compaiono sulla stampa.

.... Un carretto che porta via i cadaveri dei giustiziati.

.... Soldati spagnoli che rastrellano le strade della città alla ricerca dei ribelli.

.... Religiosi che danno la benedizione ai condannati.

.... Il fiume che trasporta cadaveri.

.... Il boia della decapitazione.

.... Sullo sfondo, un soldato a cavallo che coordina le operazioni.

.... Corpi a terra dei ribelli decapitati.

.... Forca multipla in cui vengono impiccati contemporaneamente più ribelli.

2. Ricavare notizie storiche da un testo letterario

per il III anno

Anche una **pagina di romanzo**, un **racconto** o una **poesia** possono essere importanti fonti da cui trarre notizie e testimonianze di eventi storici. Molti autori si sono cimentati nel raccontare, con stili e generi diversi, le storie di vita dei loro contemporanei o di personaggi vissuti in altre epoche, inserendo le vicende personali dei protagonisti all'interno di un contesto storico preciso, oppure hanno voluto celebrare avvenimenti di importanza rilevante, che meritavano gli "onori della Storia". In entrambi i casi dal loro impegno sono nate opere che ci aiutano a capire meglio i tempi, i luoghi, gli avvenimenti e le cause che li hanno prodotti: in altre parole, ci aiutano nello studio della Storia.

Il passo che segue è tratto da un romanzo scritto dal palermitano Giuseppe Tomasi, principe di Lampedusa (1896-1957), ambientato in Sicilia all'epoca dello sbarco dei garibaldini: ***Il Gattopardo***.
Personaggio principale è il principe Fabrizio Salina, qui alle prese con il re borbonico e con il nipote Tancredi.

Il Principe aveva già fatto il secondo inchino a ritroso quando il Re lo richiamò: "Salina, stammi a sèntere. Mi hanno detto che a Palermo hai cattive frequentazioni. Quel tuo nipote Falconeri... perché non si rimette la testa a posto?" "Maestà, ma Tancredi non si occupa che di donne e di carte." Il Re perse la pazienza: "Salina, Salina, tu pazzii. Responsabile sei tu, il tutore. Digli ca si guardasse 'o cuollo. Salutamo." Ripercorrendo l'itinerario fastosamente mediocre per andare a firmare sul registro della Regina, lo scoramento l'invadeva. [...] andava chiedendosi chi fosse destinato a succedere a questa monarchia che aveva i segni della morte sul volto. Il Piemontese, il cosiddetto Galantuomo che faceva tanto chiasso nella sua piccola capitale fuor di mano? Non sarebbe stato lo stesso? Dialetto torinese invece che napoletano. E basta. [...] Oppure la Repubblica di don Peppino Mazzini? "Grazie. Diventerei il signor Corbera." [...] Stando così le cose, che restava da fare? Aggrapparsi a quel che c'è senza far salti nel buio? Allora occorrevano i colpi secchi delle scariche, così come erano rintronati poco tempo fa in una squallida piazza a Palermo; ma le scariche anch'esse a cosa servivano? "Non si conchiude nulla con i pim! pum!" [...]
La mattina dopo il sole illuminò il Principe rinfrancato. Aveva preso il caffè ed in veste da camera rossa fiorata di nero si radeva dinanzi allo specchietto. [...] Mentre si radeva la guancia destra, vide nello specchio, dietro la sua, la faccia di un giovanotto, un volto magro distinto con un'espressione di timorosa beffa. Non si voltò e continuò a radersi.
"Tancredi, cosa hai combinato la notte scorsa?" "Buongiorno, zio. Cosa ho combinato? Niente di niente: sono stato con gli amici. Una notte santa. [...]" "Ma perché sei vestito così? Cosa c'è? Un ballo in maschera di mattina?" Il ragazzo era diventato serio: il suo volto triangolare assunse una inaspettata espressione virile. "Parto, zione, parto fra un'ora. Sono venuto a dirti addio." Il povero Salina si sentì stringere il cuore. "Un duello?" "Un grande duello, zio. Un duello con Franceschiello Dio Guardi. Vado nelle montagne a Ficuzza; non lo dire a nessuno, sopratutto non a Paolo. Si preparano grandi cose, zio, ed io non voglio restare a casa. Dove del resto mi acchiapperebbero subito se vi restassi." Il Principe ebbe una delle sue solite visioni improvvise: una scena crudele di guerriglia, schioppettate nei boschi, ed il suo Tancredi per terra, sbudellato come quel disgraziato soldato. "Sei pazzo, figlio mio. Andare a mettersi con quella gente. Sono tutti mafiosi e imbroglioni. Un Falconeri dev'essere con noi, per il Re." Gli occhi ripresero a sorridere. "Per il Re, certo, ma per quale Re?" Il ragazzo ebbe uno di quei suoi accessi di serietà che lo rendevano impenetrabile e caro. "Se non ci siamo anche noi quelli ti combinano la repubblica. Se vogliamo che tutto rimanga come è, bisogna che tutto cambi. Mi sono spiegato?" Abbracciò lo zio un po' commosso. "Arrivederci a presto. Ritornerò col tricolore.

da G. Tomasi di Lampedusa, *Il Gattopardo*, Feltrinelli, Milano 1958.

Emergono dal brano alcune informazioni importanti.

1. Re Ferdinando si sente minacciato dalle nuove idee liberali e dalla nuova situazione politica che si sta profilando.
2. La Monarchia borbonica dà segni evidenti di essere in crisi; tuttavia il futuro politico è ancora incerto. Due sono le probabili possibilità: o la Monarchia piemontese o la Repubblica mazziniana.
3. A Palermo sono in atto disordini popolari, che vengono repressi dalla polizia borbonica.
4. Si formano bande armate con lo scopo di unirsi alle truppe garibaldine nella lotta contro l'esercito borbonico.
5. La partecipazione di alcuni aristocratici alla rivolta e alla liberazione dell'isola è dettata dal timore che la futura Italia unita diventi repubblicana e che pertanto i privilegi nobiliari vengano annullati. La loro presenza attiva nei fatti, che comunque sono destinati ad accadere, ha invece lo scopo di caldeggiare un Governo monarchico.

Prova tu a ricavare alcune informazioni dal seguente passo tratto dal romanzo di Thomas Mann (1875-1955) *I Buddenbrook*, in cui viene narrata la storia dell'ultimo discendente di una ricca famiglia di Lubecca, nella seconda metà dell'Ottocento.

Il padre incominciò a introdurlo un po' nell'ambiente della sua futura attività, lo portava con sé nei suoi giri d'affari, giù al porto, e in sua presenza chiacchierava con gli scaricatori, sulle banchine, [...] conferiva con i gestori dei piccoli, bui magazzini o impartiva un ordine agli uomini, che con lunghi e cupi gridi tiravano su i sacchi nei granai... Per Thomas Buddenbrook quel tratto di mondo sul porto, tra navi, granai e depositi, dove si sentiva odore di burro, di pesci, di acqua, di catrame e ferro unto, era sempre stato, sin da quando era bambino, il luogo preferito [...]; e poiché suo figlio non manifestava spontaneamente alcuna gioia e partecipazione, allora doveva badare lui a suscitarle... [...]

In certi giorni dell'anno, la domenica delle Palme, quando si facevano le cresime, o a Capodanno, il senatore Buddenbrook faceva un giro di visite, in carrozza, alle famiglie nei confronti delle quali aveva obblighi sociali, e poiché, in quelle occasioni, sua moglie preferiva non andare scusandosi col pretesto di emicranie e nervosismo, egli invitava Hanno ad accompagnarlo. E, anche questa volta, Hanno diceva che gli faceva piacere. Saliva in carrozza insieme con suo padre e sedeva silenzioso al suo fianco, nei salotti, osservando quietamente il suo contegno gentile, discreto e così vario, così accuratamente calibrato[1] nei confronti della gente. Osservava con quale amabile sbigottimento, per un attimo cingesse con il braccio le spalle del tenente colonnello e comandante del distretto von Rinnlingen, il quale, al momento del commiato, aveva rilevato di saper ben apprezzare l'onore di quella visita; e come, in altri ambienti, avesse accolto la stessa osservazione con tranquilla serenità o l'avesse respinta con complimenti ironicamente esagerati... Tutto con una versatilità formale[2] nei gesti e nelle parole, che, con suo evidente piacere, provocava l'ammirazione di suo figlio e da cui si riprometteva un effetto istruttivo.

"Sembra che ti piaccia vivere bene, mio caro," diceva, quando Hanno chiedeva una seconda porzione di dessert o mezza tazza di caffè dopo il pranzo... "Allora, devi diventare un abile commerciante e fare molti quattrini! Ti va?". E il piccolo Johann rispondeva: "Sì".

da T. Mann, *I Buddenbrook*, Mondadori, Milano 1930.

1. **calibrato**: misurato, adeguato.
2. **versatilità formale**: abilità di modificare il proprio comportamento.

1. A quale classe sociale appartiene la famiglia del piccolo Johann, detto *Hanno*? ....
2. Che cosa si commerciava in particolar modo? ....
3. Quali usanze sociali emergono dal testo? ....

....

3. Leggere un "documento non scritto": medaglie e manifesti

per il III anno

I dipinti, ma anche le monete o le medaglie, possono costituire un ottimo documento da "decifrare" e da cui trarre numerose informazioni. Guarda questo dipinto del 1937 di Alessandro Bruschetti, intitolato "Il Duce": non è solo una oggettiva ricostruzione dei tratti somatici di Mussolini, ma costituisce anche un abile mezzo di propaganda del regime: perché?

Metti una crocetta alle risposte che ti paiono corrette.

1. I colori sono decisi. ☐
2. Il duce ha uno sguardo fiero. ☐
3. La testa è alta. ☐
4. Il colletto alto sulla camicia nera conferisce ulteriore maestosità. ☐
5. Mussolini ha uno sguardo mite e umile. ☐
6. La mascella, simbolo di ferrea volontà, appare particolarmente importante. ☐

Guarda ora la medaglia d'argento qui a sinistra, con il profilo di Mussolini in bassorilievo: ti pare che il "messaggio" visivo sia lo stesso? Perché?

....

....

Anche i manifesti, con il loro immediato impatto visivo ed emotivo, possono contenere messaggi ben precisi: guarda questo manifesto francese del 1947, che si riferisce al Piano Marshall, e poi rispondi alle seguenti domande.

1. Che cosa simboleggia il personaggio in primo piano?
   a. Un ricco imprenditore.
   b. Un muratore.
   c. Gli Stati Uniti d'America.

2. Il personaggio:
   a. è imbronciato.
   b. è sorridente.
   c. è serio.

3. Che cosa rappresentano le stelle in secondo piano?
   a. La bandiera statunitense.
   b. La notte.
   c. Il sogno.

4. Dove viene versato il contenuto della cazzuola?
   a. Su una carta geografica.
   b. Sugli Stati Uniti.
   c. Sull'Europa.

5. Quale potrebbe essere dunque il messaggio del manifesto?
   a. L'edilizia è il futuro della società.
   b. Venite a fare i muratori negli Stati Uniti.
   c. Il Piano Marshall costituisce un "cemento" per l'Europa, poiché la rafforza.

6. Si tratta dunque di un manifesto propagandistico:
   a. a favore del Piano Marshall.
   b. contro il Piano Marshall.

4. Ricavare notizie storiche da un testo letterario

per il III anno

Continuiamo con l'analisi di un testo letterario, per ricavarne notizie di utilità storica. Il brano che ti proponiamo, tratto da *La Storia*, famoso romanzo della scrittrice Elsa Morante, narra un evento capitato a uno dei personaggi quando era bambino. Leggilo attentamente, poi rispondi alle domande.

Il terremoto di Messina del 1908.

Alfio Mancuso, era un messinese, che aveva perduto tutti i parenti nel terremoto del 1908. Lui stesso, che aveva allora circa dieci anni, se n'era salvato per un miracolo di fortuna. E nonostante il suo affetto viscerale per la famiglia, e specie per sua madre, in séguito non tanto si lagnava per quella antica catastrofe, quanto, piuttosto, si vantava della fortuna che in quell'occasione lo aveva assistito, e che abitualmente lo distingueva. Il miracolo (che nei resoconti di Alfio si arricchiva ogni volta di nuovi particolari e variazioni) in breve era stato il seguente:

Nell'inverno del 1908, il bambino Alfio lavorava da apprendista in un piccolo cantiere, presso un vecchio che riparava le barche. L'uno e l'altro solevano anche pernottare nel cantiere stesso, dove il mastro disponeva di una branda, e il garzoncello si coricava, invece, in terra, su un mucchio di trucioli, avvolto in una vecchia gualdrappa[1] di lana.

Ora, in quella serata, mentre il vecchio, secondo abitudine, si attardava nei propri lavori (in compagnia di qualche bicchiere), l'apprendista, da parte sua, già si andava sistemando per la notte dentro alla gualdrappa[1]; quando, a una sua distrazione fortuita[2], il vecchio gli aveva strillato, come usava sempre in casi consimili:

«Eeeeehi! rapa babba!!» (che vorrebbe dire: scemo come una rapa!*)*

Di solito, l'apprendista si teneva un tale insulto senza rispondere; ma stavolta, ammattito gli aveva risposto:

«Babba sarete voi!»

E subito, con appresso (estrema previdenza) la sua gualdrappa, era scappato all'esterno, per paura del principale, il quale difatti gli era corso dietro, pronto a picchiarlo, e già armato di una fune piegata doppia.

Ora sul terreno, dove si svolgeva quella gara di corsa, si presentavano, piantati a uguale distanza, una palma e un palo. Dopo un attimo di esitazione fra i due (si noti!) Alfio scelse la palma, onde nell'attimo successivo già ne occupava la cima, deciso a stabilirsi per sempre là, come una scimmia, piuttosto che consegnarsi al vecchio, il quale infine, stufo di aspettare sotto la palma, rientrò nel cantiere.

In breve, passarono le ore e le ore, fin verso l'alba! e Alfio ingualdrappato dimorava tuttora su quella palma, allorquando arrivò il terremoto, che rase al suolo Messina e il cantiere, e abbatté il palo; mentre la palma, dopo avere scosso in una grande folata il proprio ciuffo, con Alfio Mancuso abbarbicato dentro, rimase salva in piedi.

da E. Morante, *La Storia*, Einaudi, Torino 1974

1. **gualdrappa**: coperta
2. **fortuita**: casuale

1. Quando è ambientata la vicenda?

a. Alla fine dell'Ottocento.
b. Agli inizi del Novecento.
c. Ai giorni nostri.

2. Di quale catastrofe naturale si parla? Quali conseguenze essa ha avuto?

....

3. Dalla lettura emerge che ai bambini fosse garantita la scolarizzazione? Da che cosa lo deduci?

....

....

4. Che tipo di vita conduceva il bambino? Poteva riposare in un vero e proprio letto?

....

5. Il principale aveva precise norme da rispettare nei confronti dell'apprendista o poteva comportarsi con lui come meglio gli pareva? Da che cosa lo deduci?

....

Ti proponiamo ora un altro brano, tratto dal romanzo *La luna è tramontata* di John Steinbeck, in cui viene narrata la storia di un piccolo paese che, durante la Seconda guerra mondiale, si trova improvvisamente occupato dalle truppe naziste. Sottolinea le parti che offrono informazioni storiche e riassumile nelle righe vuote di puntini.

C'era, non lontano dalla piazza, una viuzza ove piccoli tetti a punta e bottegucce si mescolavano insieme. La neve era tutta calpestata sui marciapiedi e nelle strade, ma si ammonticchiava alta sulle stecconate e sui muri di cinta e si gonfiava sui tetti a punta; veniva a battere contro le finestre chiuse e cieche delle piccole case. E nei cortili venivano tracciati sentieri.

La notte era buia e gelida e nessuna luce appariva alle finestre per attirare i bombardieri. E nessuno usciva per le strade, perché il coprifuoco era rigoroso. Le case erano masse nere contro la neve. Ogni qualche minuto, la pattuglia di sei uomini percorreva la strada, guardando intorno, e ogni uomo portava una lunga torcia elettrica. Il calpestìo soffocato dei loro passi risonava per la via, lo scricchiolìo degli stivali sulla neve indurita. Erano figure imbacuccate nei pesanti e grossi cappotti; sotto gli elmetti portavano berretti, che passando sopra le orecchie coprivano bocca e mento. Cadeva uno spolvero di neve, solo un po', come riso. [...]

Una casetta dal tetto aguzzo presso il negozio del ferravecchi era fatta come le altre e portava il suo berretto di neve come le altre. Nessuna luce filtrava dalle sue finestre sbarrate; ma una lampada era accesa nel minuscolo salotto e la porta che conduceva in camera da letto era aperta e anche quella della cucina. Una stufa di ferro era addosata alla parete e vi covava un piccolo fuoco di carbone. Era una stanza povera, ma comoda e calda, il pavimento coperto da un logoro tappeto, i muri tappezzati di carta bruna con gigli disegnati in oro. [...]

La porta interna, che dava sul corridoio il quale a sua volta conduceva alla porta d'ingresso, era accanto alla stufa.

In una vecchia poltrona a dondolo coperta di cuscini, presso il tavolo, Mariuccia Morden sedeva sola soletta. Disfaceva un vecchio farsetto[1] a maglia e arrotolava il filo di lana turchino in un gomitolo. [...] Era bellina, giovane, linda. I suoi capelli di oro erano annodati a sommo del capo e tenuti fermi da un nastro celeste. Le sue mani lavoravano rapidamente, ed ella, di tanto in tanto, lanciava un'occhiata alla porta del corridoio. Il vento sibilava sommesso nella cappa del camino, ma era una notte quieta, affogata nella neve.

Improvvisamente, ella interruppe il lavoro. Le sue mani si fermarono. Guardò verso la porta, in ascolto. I passi pesanti della pattuglia risonarono per la strada e si potè udire debolmente il suono delle sue voci. Poi ogni rumore si spense. Mariuccia riprese ad arrotolare il suo gomitolo. [...] S'udì un fruscìo presso la porta d'ingresso e poi tre brevi colpi. Mariuccia depose il lavoro e andò alla porta.

«Chi è?» disse.

Tolse il catenaccio e aprì, e una figura tutta chiusa nel cappotto entrò. Era Annetta, la cuoca, gli occhi rossi, la testa imbacuccata nello scialle. Entrò rapida e silenziosa, se ne restò in piedi, il naso rosso, ansando un poco e guardandosi rapidamente intorno.

Mariuccia disse:

«Buona sera, Annetta. Non vi aspettavo questa sera. Spogliatevi e scaldatevi un po'. Fa freddo fuori.»

Annetta disse:

«I soldati hanno portato presto l'inverno. Mio padre diceva sempre che le guerre portano il cattivo tempo o che il cattivo tempo porta la guerra. Non mi ricordo bene, ora.»

«Levatevi il cappotto e venite accanto alla stufa.»

«Non posso» rispose Annetta con importanza.

«Stanno per arrivare.»

«Chi sta per arrivare?»

«Sua Eccellenza, il dottore e i due fratelli Anders.»

«Qui? E a quale scopo?»

Annetta mostrò una mano, che stringeva un paccetto.

«Prendetelo» disse. «L'ho rubata dal piatto del colonnello. È carne.»

Mariuccia trasse dalla carta la tartina di carne e se la mise in bocca; e disse masticando:

«E per voi ne avete presa?»

«Io la cucino, no? Per me ce n'è sempre.»

«Quando vengono?»

Annetta fiutò l'aria.

«I fratelli Anders partono per l'Inghilterra. Debbono scappare. Sono nascosti, ora.»

«Sì? E perché?»

«Ma, è stato Giacomo, il loro fratello, che è stato ammazzato ieri per aver messo fuori uso quel vagoncino. I soldati stanno ricercando il resto della famiglia. Sapete come fanno.»

«Sì» disse Mariuccia. «Lo so, come fanno. Sedete, Annetta.»

da J. Steinbeck, *La luna è tramontata*, Mondadori, Milano 1948

1. farsetto: maglioncino di lana

5. Nuove fonti storiche: fotografia e cinema

per il III anno

Lo studio del Novecento può avvalersi di nuove forme di documenti, rispetto a quelle dei secoli precedenti, grazie alle scoperte innovative nel campo della comunicazione e alla vicinanza dei fatti storici studiati.
La **fotografia** infatti, dalla fine dell'Ottocento, acquista l'immediatezza della cronaca. Le immagini hanno una voce potente, che raggiunge tutti, superando divisioni di lingua e di cultura.
I **giornali**, ancora illustrati da disegnatori, via via riescono a stampare le fotografie che accompagnano le notizie.
Gli uomini politici e i divi sono conosciuti dalla gente, non più attraverso ritratti di pittori, ma attraverso l'obiettivo della macchina fotografica. Nasce la professione del fotografo, che riesce ad avere una vasta clientela, grazie ai bassi costi.
I reporter, usando la fotografia, offrono informazioni precise sulle condizioni di vita di tutte le classi sociali, anche delle più povere: con le immagini si documenta con precisione lo spaccato di un'epoca.
Anche il **cinema**, serie di immagini in movimento, è una fonte preziosa per raccontare la Storia.
Si possono distinguere tre categorie di pellicole:

1. la macchina da presa può essere usata come la fotografia, per raccogliere immagini dalla vita concreta. Appartengono a questo tipo di immagini i documentari su manifestazioni, spettacoli, scene di guerra ecc.; essi riescono a farci sentire spettatori di eventi anche lontani nel tempo e nello spazio;
2. il cinema viene subito utilizzato come tecnica per raccontare storie, divenendo una forma di spettacolo come il teatro: le scene sono costruite, i personaggi diventano attori e tutto finisce con l'essere finzione. Tuttavia, proprio attraverso il cinema, come attraverso i romanzi, si possono conoscere i modi di pensare e di vivere, gli usi e i costumi di un'epoca;
3. esistono infine i film storici, che hanno cioè l'obiettivo di raccontare uomini e fatti della Storia, ricostruendo epoche precedenti. Naturalmente non sono documentari, ma finzioni, che tuttavia, pur fantasiose e talora poco attendibili sul piano della critica storica, ci spiegano come i contemporanei - produttori, registi e spettatori - vedevano e sentivano periodi, eventi e personaggi del passato.

Robert Capa, *Il miliziano*. Si tratta di una delle più famose foto di reportage della storia. Coglie il momento dell'uccisione di un soldato delle milizie repubblicane durante la guerra civile spagnola (1936-39).

Con la capacità di registrare e riprodurre i suoni, anche il **sonoro** diventa documento. Il megafono, l'altoparlante, il grammofono, i dischi e la radio permisero non solo ai politici di farsi sentire da platee molto più vaste, ma soprattutto alla musica di diffondersi tra la gente e di diventare popolare.
Spesso associati a film, singole **canzoni** o interi **generi musicali** diventano simboli di un'epoca, in grado di comunicare mode e valori, anche oltre i confini nazionali: intere generazioni si riconoscono in essi.
Infine, la storia del Novecento si avvicina ai nostri giorni e al nostro ambiente: la città, il paese, la nostra stessa famiglia possono diventare preziose fonti di testimonianze. In casa, ognuno di noi può trovare oggetti antichi, lettere di nonni o ascoltare racconti della propria famiglia inerenti ai "tempi passati".
Edifici, **monumenti**, **lapidi** raccontano la storia locale, che si intreccia con i grandi avvenimenti delle guerre mondiali, dell'emigrazione, della trasformazione del lavoro. Basta avere occhi attenti e si scoprono ovunque tracce della vita di ieri.

La fotografia

Ti presentiamo una fotografia, accompagnandola con un'analisi.

a. Il viaggio si presenta estremamente disagiato: le comodità sono praticamente inesistenti.
b. Non c'è allegria: i volti sono cupi, mesti, pensierosi.
c. Gli abiti evidenziano l'estrazione sociale degli emigranti: popolani che spesso portano gran parte dei loro averi in una coperta o uno scialle.

Emigranti italiani all'inizio del Novecento, appena arrivati a New York, fotografati nell'area di deposito bagagli di Ellis Island.

Prova ora tu a compiere lo stesso lavoro di "analisi critica" con questa fotografia, scattata l'8 giugno 1972, che è divenuta il simbolo delle atrocità della guerra nel Vietnam: l'aviazione di Saigon ha appena sganciato bombe al napalm su un villaggio: una bimba di nove anni, Phan Thi Kim Phuc, corre con altri bambini in cerca di aiuto, dopo essersi strappata i vestiti in fiamme.

Il cinema

Ti sarà senz'altro accaduto di assistere alla proiezione di un film storico o di un film da cui comunque si potevano trarre anche informazioni storiche: produci un testo al riguardo, mettendo in evidenza tali informazioni.

6. Costruire un percorso interdisciplinare

per il III anno

Ci sono o ci saranno senz'altro occasioni in cui ti verrà richiesto di costruire un percorso interdisciplinare, che cioè tocchi più discipline (anche il **colloquio d'esame del terzo anno** è, per esempio, interdisciplinare). Bisogna innanzitutto aver chiaro che non si tratta di mettere insieme nozioni di più materie in modo più o meno casuale (magari perché hanno una data in comune), ma di guardare a un determinato problema o evento, da più punti di vista.
Facciamo un esempio: decidi di parlare della **Prima Guerra Mondiale**; costruisci allora una mappa.

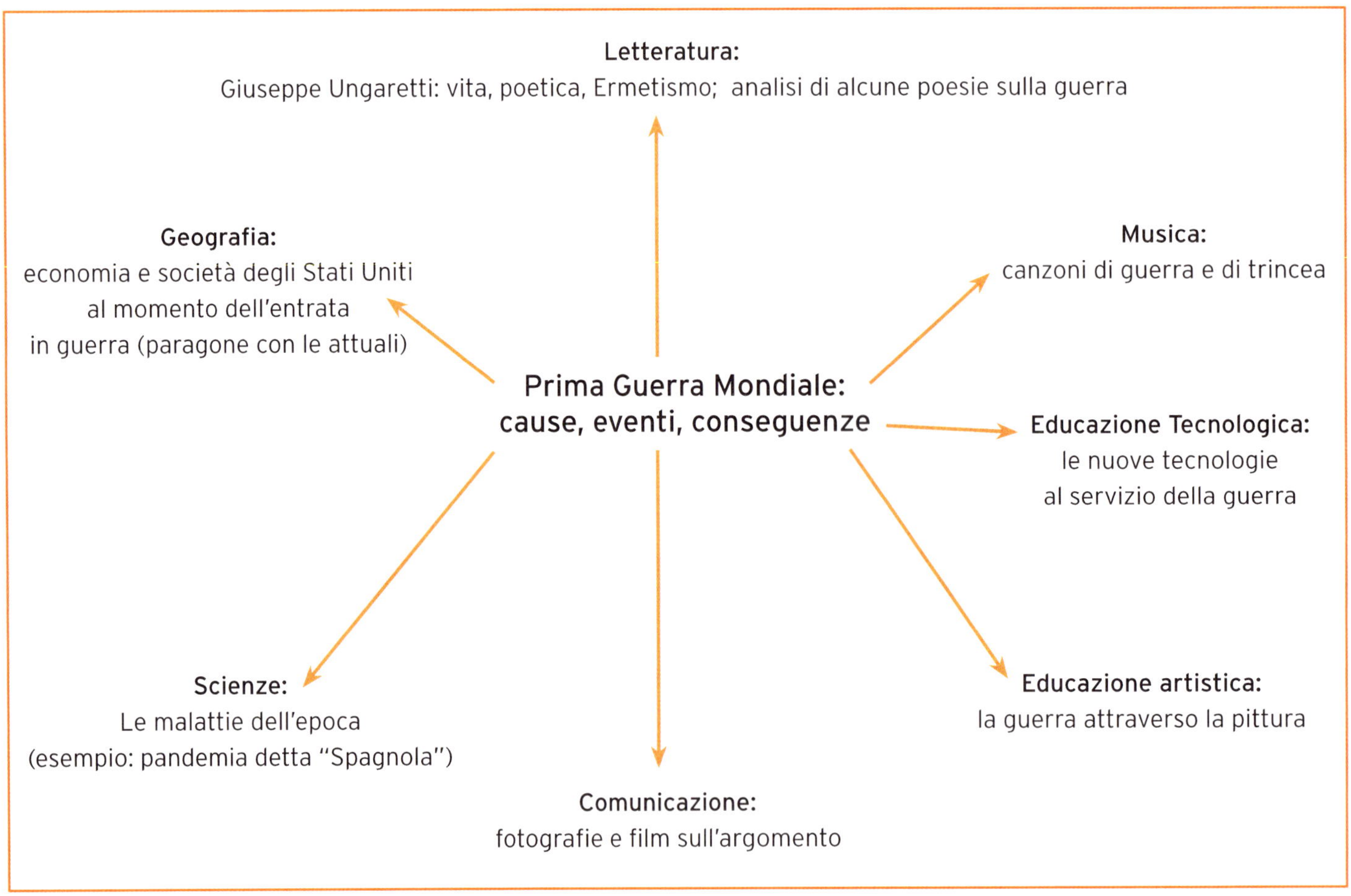

A questo punto puoi iniziare a costruire il tuo discorso scritto, che, partendo da un avvenimento circoscritto qual è la Grande Guerra (sarebbe infatti molto più difficile e troppo dispersivo analizzare periodi lunghi), si articola in più argomenti strettamente collegati fra loro. Puoi aiutarti con quanto fatto in classe, con i tuoi libri di testo o anche con qualche piccola ricerca, senza però mai perdere di vista l'argomento-chiave, a cui devi fare costante riferimento. Dopodiché non ti rimane che ripetere il tutto oralmente, assicurandoti che l'esposizione sia fluida e senza intoppi.

Prova adesso a completare tu stesso una mappa interdisciplinare, partendo da uno dei seguenti argomenti:

1. il fascismo;
2. la guerra civile spagnola;
3. il sottosviluppo;
4. l'inquinamento.

PROVE INVALSI

- **Primo anno**
- **Secondo anno**
- **Terzo anno**

Quali significati e quali conseguenze ebbe il Capitolare di Quierzy? Leggi questo brano tratto dall'opera di uno storico ed economista a noi contemporaneo; quindi rispondi alle domande ponendo una crocetta sull'opzione corretta (una sola per domanda).

FONTE SCRITTA

Il capitolare di Quierzy equivale a una vera capitolazione della monarchia di fronte ai maggiori feudatari, trasformati ormai, con l'eredità dei loro possessi, in piccoli sovrani quasi del tutto indipendenti [...]. Il sistema feudale assume così un significato politico-sociale per cui lo Stato perde ogni carattere unitario; il sovrano può contare soltanto sulle entrate che gli provengono dal suo patrimonio e sugli uomini che vivono sopra di questo; per tutto il resto, nel campo finanziario, militare e di politica estera la sua libertà di azione era limitata dalla necessità di ottenere il consenso dei maggiori feudatari. Questa disintegrazione dello Stato era aggravata dalla trasformazione delle più alte magistrature (conti, visconti, margravi), che rappresentano lo Stato nelle varie regioni, in feudi ereditari e anche più dalle concessioni di immunità che si incontrano assai frequenti dopo la seconda metà del IX secolo.

da G. Luzzatto, *Breve storia economica dell'Italia medioevale*, Einaudi, Torino 1958

1. "Il Capitolare di Quierzy equivale a una vera capitolazione della monarchia" (riga 1): che cosa significa il termine sottolineato?

A. ☐ Vittoria.
B. ☐ Sconfitta totale.
C. ☐ Rinascita.
D. ☐ Edificazione di una capitale.

2. "Trasformati ormai con l'eredità dei loro possessi..." (riga 2): che significato hanno i termini sottolineati?

A. ☐ In compagnia dell'eredità.
B. ☐ Per mezzo dell'eredità.
C. ☐ Con lo scopo dell'eredità.
D. ☐ In unione all'eredità.

3. In seguito a che cosa i maggiori feudatari diventano piccoli sovrani?

A. ☐ Diventano padroni dei feudi e li possono cedere in eredità ai figli.
B. ☐ Ricevono la carica dal monarca.
C. ☐ Si attorniano di onori e ricchezze.
D. ☐ Vanno a vivere alla corte del sovrano.

4. "Il sistema feudale assume così un significato ..." (riga 3): quale significato ha il termine sottolineato?

A. ☐ In questo modo.
B. ☐ Dato che.
C. ☐ Poiché.
D. ☐ Nello stesso modo.

5. Dunque lo Stato:

A. ☐ si rafforza.
B. ☐ si ingrandisce.
C. ☐ si frammenta.
D. ☐ perde la propria indipendenza.

6. Che cosa rimane da fare al sovrano?

A. ☐ Lottare contro i feudatari.
B. ☐ Imporsi ai nemici.
C. ☐ Andarsene altrove.
D. ☐ Ottenere il consenso dei maggiori feudatari.

7. "Il sistema feudale assume così un significato politico-sociale per cui lo Stato" (righe 3, 4): con che cosa può essere sostituito il pronome relativo sottolineato?

A. ☐ Con i quali.
B. ☐ In seguito al quale.
C. ☐ Attraverso la quale.
D. ☐ Per le quali.

8. Su che cosa può ancora contare il sovrano?

A. ☐ Sugli alleati.
B. ☐ Sulle entrate del suo patrimonio.
C. ☐ Sugli amici.
D. ☐ Sui bottini di guerra.

9. Il sovrano:

A. ☐ vede la sua azione limitata dai grandi feudatari.
B. ☐ ha libertà d'azione illimitata.
C. ☐ riceve i patrimoni dei grandi feudatari, in cambio di doni elargiti loro.
D. ☐ affida ai feudatari i compiti di politica estera.

10. In quali campi il sovrano ha particolarmente perso la sua autonomia decisionale?

A. ☐ Economia e questioni di guerra.
B. ☐ Giustizia e mercati.
C. ☐ Politica interna.
D. ☐ Leggi relative alla caccia.

11. Quale compito avevano le alte magistrature in un primo tempo?

A. ☐ Controllare il sovrano.
B. ☐ Rappresentare il sovrano nelle varie regioni.
C. ☐ Liberare le regioni dal potere del sovrano.
D. ☐ Dichiarare l'indipendenza delle regioni.w

12. I funzionari presenti nelle varie regioni:

A. ☐ si legano maggiormente al sovrano.
B. ☐ continuano a fare gli interessi del sovrano.
C. ☐ acquistano l'ereditarietà dei loro feudi.
D. ☐ emigrano altrove.

13. Le sempre più frequenti concessioni di immunità:

A. ☐ aggravavano il disintegrarsi dello Stato.
B. ☐ rafforzavano lo Stato.
C. ☐ rendevano lo Stato più efficiente.
D. ☐ moltiplicavano le magistrature.

14. Le concessioni di immunità diventarono frequenti:

A. ☐ prima dell'800.
B. ☐ dopo l'800.
C. ☐ agli inizi del '900.
D. ☐ dalla seconda metà dell'800.

15. Come si può sintetizzare la teoria dell'autore?

A. ☐ Il feudalesimo, grazie all'ereditarietà dei feudi, rafforza lo Stato.
B. ☐ L'ereditarietà dei feudi crea tanti Stati, economicamente dipendenti dal sovrano.
C. ☐ L'ereditarietà dei feudi frammenta lo Stato e indebolisce la monarchia.
D. ☐ Il sovrano, nonostante l'ereditarietà dei feudi, mantiene il potere assoluto.

Dopo aver letto questi documenti che testimoniano le devastazioni di Normanni, Saraceni e Ungari, rispondi alle domande ponendo una crocetta sull'opzione corretta (una sola per domanda).

FONTE SCRITTA

Nell'845 un gruppo di Normanni, resi audaci dalla superiorità della loro flotta, sbarcarono con il cuore gonfio di orgoglio in terra di Francia: essi avevano abbandonato la loro terra senza un piano prestabilito e, dopo aver compiuto scorrerie e saccheggi di isola in isola, avevano preso a risalire la Senna. Qui non trovarono gente disposta a resistere con armi alla mano: ecco perché, invocando e lodando i loro dei e deridendo il Dio dei cristiani, scesero di nuovo dalle navi e arrecarono innumerevoli e gravi danni alle popolazioni [...] finché giunsero alla città di Rouen, che presero e saccheggiarono come vollero [...]. Quindi ridussero in schiavitù o massacrarono uomini e donne, devastarono i monasteri, saccheggiarono e bruciarono le chiese e ogni altro luogo ove ebbero la possibilità di arrivare.

da *Anacleta Bollandiana*, raccolta di documenti del X sec.

FONTE SCRITTA

[...] A Farfa, nel Lazio, arrivarono i Saraceni, che già avevano occupato i luoghi circostanti. Attaccarono il monastero sforzandosi di espugnarlo dopo averlo circondato, ma non vi riuscirono [...] quelli soggiogavano intanto tutti i luoghi vicini e li devastavano e sempre ritornavano al monastero pronti a combattere. Il predetto Abbate, avendo sostenuto questi attacchi per sette anni continui insieme con i suoi monaci e vedendo che Iddio abbandonava del tutto il popolo cristiano, a causa dei suoi peccati, e che egli non poteva ragionevolmente resistere più a lungo alla furia dei Pagani, preso consiglio, divise i frati e i tesori in tre parti [...] . Egli stesso si rifugiò nella contea di Fermo[1] dopo aver abbandonato del tutto il monastero [...] i Saraceni incominciarono a entrare a far rapina entro i confini di Fermo, per la qual cosa l'Abbate di nuovo volto in timore, raccolti i suoi monaci e soldati, edificò un castello sul monte Montesano [...]. [I Saraceni] andavano dal mar Tirreno all'Adriatico e fino al Po per fare rapina e sempre ritornavano negli stessi monti, di qui al fiume Liri[2] [...] dove avevano le navi con le quali trasportavano tutto ciò che avevano predato nella loro patria.

da Ufo di Farfa, *Cronaca*, 998

1. Fermo: località delle Marche

2. Liri: fiume che scende dall'Appennino abruzzese e confluisce nel Garigliano

FONTE SCRITTA

Intanto nel 900, il popolo pagano e crudelissimo degli Ungari giunge in Italia e comincia a devastare tutto con incendi e rapine, uccidendo un gran numero di uomini e facendone schiavi molti altri. Gli Ungari, passando per Treviso, Padova, Brescia e altre terre giunsero a Pavia e a Milano, devastando ogni cosa. Entrati nella laguna veneta con i cavalli e con imbarcazioni di pelli, dapprima incendiarono Cittanova da cui fuggì la popolazione, poi bruciarono Equilio, Cloia, Cavarzere e i villaggi sul mare.

da Giovanni Diacono, *Cronaca veneta*, X sec.

1. I Normanni sbarcarono in Francia grazie a:

A. ☐ il loro forte esercito.
B. ☐ i loro validi condottieri.
C. ☐ il loro grande numero.
D. ☐ la loro flotta superiore.

2. Essi:

A. ☐ avevano organizzato un piano d'attacco preciso.
B. ☐ non avevano messo a punto alcun piano.
C. ☐ modificarono nel corso delle incursioni il loro piano.
D. ☐ cambiavano piano di giorno in giorno.

3. La popolazione che viveva lungo la Senna:

A. ☐ li accolse amichevolmente.
B. ☐ oppose una strenua resistenza.
C. ☐ fuggì.
D. ☐ non resistette.

4. Questo permise ai Normanni di:

A. ☐ prendersi gioco dei Cristiani e saccheggiare i paesi.
B. ☐ stringere legami commerciali con i Franchi.
C. ☐ utilizzare il loro esercito.
D. ☐ occupare le aree lasciate vuote.

5. Che cosa fecero una volta giunti nella città di Rouen?

A. ☐ Si presentarono come alleati.
B. ☐ Corruppero i nobili del luogo.
C. ☐ Devastarono le costruzioni e massacrarono gli abitanti.
D. ☐ Diedero inizio a fiorenti commerci.

6. A Farfa, nel Lazio, i Saraceni:

A. ☐ non riuscirono a conquistare subito il monastero.
B. ☐ devastarono subito il monastero.
C. ☐ fecero lunghe trattative con i monaci.
D. ☐ chiesero ospitalità ai monaci.

7. Perché l'Abate divide frati e tesori in tre parti?

A. ☐ Reputa di non riuscire a resistere ancora per molto e vuole mettere in salvo monaci e tesoro.
B. ☐ Per dare ai frati più libertà d'azione.
C. ☐ Ciascun gruppo avrebbe dovuto occuparsi di attività diverse.
D. ☐ Ciascun gruppo avrebbe dovuto erigere altrettanti monasteri.

8. ".. **per la qual cosa** **l'Abate [...] edificò un castello ..." (righe 9-10): con che cosa può essere sostituita l'espressione sottolineata?**

A. ☐ A favore di ciò.
B. ☐ In contrasto con ciò.
C. ☐ A causa di ciò.
D. ☐ Attraverso ciò.

9. Perché l'Abate edifica un castello sul Monte Montesano?

A. ☐ Gli piace quel luogo.
B. ☐ Quel luogo è difficilmente accessibile.
C. ☐ È l'unica area ancora libera.
D. ☐ Non c'è un motivo preciso.

10. I Saraceni:

A. ☐ si spingono in tutta l'Italia centrale.
B. ☐ occupano la Pianura Padana.
C. ☐ risalgono la Senna.
D. ☐ sbarcano in Francia.

11. Come usano le proprie navi?

A. ☐ Le caricano con il frutto delle loro razzie.
B. ☐ Le incendiano per non farle cadere in mano nemica.
C. ☐ Le abbelliscono per dimostrare la loro superiorità.
D. ☐ Ne ricavano dei luoghi in cui vivere.

12. Gli Ungari entrano in Italia passando da:

A. ☐ la Valle d'Aosta e Torino.
B. ☐ le isole del Sud.
C. ☐ il Veneto e la Lombardia.
D. ☐ le spiagge del Lazio.

13. Nel far ciò essi usano:

A. ☐ carri e cavalli.
B. ☐ cavalli e imbarcazioni.
C. ☐ animali sconosciuti.
D. ☐ carri dalla foggia sconosciuta.

14. Gli Ungari giunsero in Italia nel secolo:

A. ☐ IX
B. ☐ XI
C. ☐ X
D. ☐ VIII

15. "Entrati nella laguna veneta ..." (riga 4): con che cosa può essere sostituito il participio sottolineato?

A. ☐ Poiché erano entrati.
B. ☐ Dal momento che erano entrati.
C. ☐ Se fossero entrati.
D. ☐ Dopo che furono entrati.

Nei Comuni qual era la sorte di coloro che non facevano parte delle Corporazioni e che quindi non possedevano una attività propria? Leggi questo documento di uno storico a noi contemporaneo, quindi rispondi alle domande ponendo una crocetta sull'opzione corretta (una sola per domanda).

FONTE SCRITTA

Fuori delle associazioni brulicava [...] un vero formicaio di esseri viventi i quali, esclusi dalle Corporazioni e privi di ogni diritto politico, avevano anche limitata la personalità civile. Sono quelli che gli Statuti delle Arti chiamano "laboratores, laborantes o operarii" e che vanno nettamente distinti dai discepoli, i quali sono garzoni in attesa di diventare maestri, laddove i primi sono dei veri e propri salariati [...].
Sottomessi alla giurisdizione dell'Arte, per conto dei cui soci lavorano, non possono associarsi neanche a scopo religioso e quindi non hanno modo di lottare per il rialzo dei salari stabiliti dai magistrati dell'Arte, che sono maestri e che da altri maestri sono eletti; fissati anche dall'Arte sono – fin nei minimi particolari – i modi della lavorazione; spesso debbono dare all'Arte cauzione di lavorare bene e onestamente; debbono rifondere tutti i danni che lavorando possono produrre alla merce del maestro; non possono lavorare per altri che per i maestri associati all'Arte; se nasce contestazione fra lavorante e maestro, giudicano i magistrati dell'Arte, e gli Statuti delle Arti stabiliscono esplicitamente che ha forza di prova il giuramento del maestro.

da G. Salvemini, *Magnati e popolani in Firenze*, Feltrinelli, Milano 1966

1. Le persone che non facevano parte delle Corporazioni erano:

A. ☐ poche.
B. ☐ diverse.
C. ☐ moltissime.
D. ☐ la totalità.

2. Esse:

A. ☐ avevano tutti i diritti, ma non quelli civili.
B. ☐ non avevano alcun diritto.
C. ☐ avevano diritti civili, ma non politici.
D. ☐ avevano diritti sia politici sia civili.

3. I discepoli erano:

A. ☐ salariati.
B. ☐ garzoni che diventeranno maestri.
C. ☐ figli dei maestri.
D. ☐ predicatori religiosi.

4. "...laddove i primi sono dei veri e propri salariati" (riga 5): quale significato ha il termine sottolineato?

A. ☐ Dove.
B. ☐ Da dove.
C. ☐ Poiché.
D. ☐ Mentre.

5. I *laboratores* sono:

A. ☐ coloro che lavorano in generale.
B. ☐ gli associati alle corporazioni.
C. ☐ i salariati.
D. ☐ i garzoni.

6. I *laboratores*:

A. ☐ possono rivendicare salari più alti.
B. ☐ possono associarsi per qualunque scopo.
C. ☐ non possono associarsi che per scopi religiosi.
D. ☐ non possono in alcun modo associarsi.

7. **"[*I laboratores*] sottomessi alla giurisdizione dell'Arte, per conto dei cui soci lavorano": questo periodo significa che i *laboratores*:**

A. ☐ sono soci della giurisdizione dell'Arte.
B. ☐ lavorano direttamente sottomessi alla giurisdizione dell'Arte.
C. ☐ lavorano per i soci della giurisdizione dell'Arte.
D. ☐ sottomettono i soci della giurisdizione dell'Arte.

8. **Tenuto conto del contesto, la giurisdizione dell'Arte è:**

A. ☐ la corporazione.
B. ☐ la magistratura.
C. ☐ una grande manifattura.
D. ☐ l'associazione dei *laboratores*.

9. **I "magistrati dell'Arte":**

A. ☐ sono tali per titolo ereditario.
B. ☐ sono eletti da tutti i cittadini.
C. ☐ sono eletti dagli altri maestri.
D. ☐ sono eletti dai *laboratores*.

10. **La giurisdizione dell'Arte:**

A. ☐ fissa in modo dettagliato anche i modi in cui lavorare.
B. ☐ protegge i salariati.
C. ☐ dà le linee guida delle modalità lavorative.
D. ☐ assume e licenzia i salariati.

11. **I salariati:**

A. ☐ devono pagare eventuali danni apportati durante la lavorazione.
B. ☐ sono assicurati nei confronti di eventuali errori.
C. ☐ sono licenziabili qualora sbaglino.
D. ☐ possono sbagliare solo un paio di volte.

12. **Essi:**

A. ☐ possono avere più lavori.
B. ☐ possono lavorare anche per altri solo con il consenso del maestro.
C. ☐ possono lavorare solo per chi è associato all'Arte.
D. ☐ non sono controllati nella loro eventuale altra attività.

13. **In caso di contrasto tra salariato e maestro:**

A. ☐ si fa ricorso ai testimoni.
B. ☐ giudicano i magistrati dell'Arte.
C. ☐ giudicano i magistrati cittadini.
D. ☐ giudica una giuria popolare.

14. **Che cosa ha particolare forza di prova?**

A. ☐ Le testimonianze degli altri salariati.
B. ☐ La parola del salariato.
C. ☐ Il giuramento del maestro.
D. ☐ La precedente condotta del salariato.

15. **Se dovessi dare un titolo a questo documento, quale sceglieresti?**

A. ☐ Il lavoro al tempo dei Comuni.
B. ☐ I rapporti tra maestri e salariati nei Comuni.
C. ☐ I diritti dei salariati nei Comuni.
D. ☐ L'emarginazione dei salariati nel Comune medievale.

Mentre gli Stati a prevalente economia agricola risentirono pesantemente della crisi economica del Seicento, i Paesi dediti ai commerci, grazie a una consistente presenza di borghesia mercantile e finanziaria, videro rafforzarsi la propria forza economica. Leggi questo documento dell'epoca, che si riferisce alla floridezza della Compagnia olandese delle Indie Orientali; quindi rispondi alle domande ponendo una crocetta sull'opzione corretta (una sola per domanda).

FONTE SCRITTA

La Compagnia olandese per mantenere il suo commercio nelle Indie Orientali [...] mantiene centottanta navi da trenta fino a settanta cannoni e tiene al suo soldo più di 25.000 uomini, ufficiali, soldati e marinai. Mantiene in tutte le Indie 12.000 uomini di truppe regolari, ma in ogni piazza dove vi è guarnigione olandese vi sono sempre molte persone del paese che portano le armi e che assumono il comando quando bisogna battersi [...].

In tempo di guerra la Compagnia aumenta le sue armature di mare e di terra, e può facilmente, oltre alle sue navi ordinarie, armarne ancora 40 delle più grandi [...].

Tuttavia tutta la così grande potenza che questa famosa Compagnia ha nelle Indie, non è altro che l'opera di un piccolo numero di sessanta abili e grossi mercanti, fermi e costanti nelle loro imprese e ai quali non manca niente per essere dei veri e propri sovrani [...].

Essa invia e riceve ambasciatori di re e principi sovrani, [nelle colonie] fa la pace e la guerra quando le aggrada, rende giustizia [...] dà ricompense degne della grandezza dei re, fonda numerose colonie, costruisce molte fortezze, arruola truppe, mantiene armate e grosse guarnigioni, equipaggia flotte navali in guerra e fa battere moneta.

È facile vedere da tutti questi dettagli che il commercio delle Indie dà degli immensi guadagni alla Compagnia. [...]. I suoi guadagni [...] consistono ordinariamente in tre milioni di oro per anno.

da una cronaca dell'inizio del '700 in AAVV *Schede di lavoro storico*, vol. II, La Nuova Italia

1. Le navi della Compagnia sono dotate:

A. ☐ di cannoni e di pochi uomini.
B. ☐ solo di molti uomini.
C. ☐ solo di cannoni.
D. ☐ di cannoni e di molti uomini.

2. Nei vari scali delle Indie essa ha:

A. ☐ marinai e truppe regolari.
B. ☐ solo marinai.
C. ☐ truppe regolari.
D. ☐ mercanti.

3. "... in ogni piazza dove vi è guarnigione olandese ..." (riga 4): in questo contesto il termine "piazza" significa:

A. ☐ centro fortificato.
B. ☐ luogo di ritrovo in un centro abitato.
C. ☐ spiazzo libero.
D. ☐ mercato.

4. In caso di ostilità, da chi ricevono aiuto gli uomini della Compagnia?

A. ☐ Da altri marinai giunti sul posto per caso.
B. ☐ Dalle persone del paese.
C. ☐ Da soldati che prestano la loro opera a pagamento.
D. ☐ Da nessuno.

5. Che cosa fa la Compagnia in tempo di guerra?

A. ☐ Sospende le sue attività.
B. ☐ Aumenta le armi sia sulle navi sia a terra.
C. ☐ Aumenta il commercio di armi.
D. ☐ Chiude i porti.

6. Di quante navi può disporre la Compagnia in tempo di guerra?

A. ☐ 180
B. ☐ 30
C. ☐ 220
D. ☐ 60

7. Chi è l'artefice di una così potente Compagnia?

A. ☐ Un gruppo estremamente numeroso di addetti alle finanze.
B. ☐ Un piccolo numero di abili mercanti.
C. ☐ Alcuni sovrani.
D. ☐ Il popolo operoso.

8. Quali caratteristiche hanno queste persone?

A. ☐ Sono poco scrupolose.
B. ☐ Sono molto scrupolose.
C. ☐ Non hanno alcun ideale.
D. ☐ Sono determinate e costanti.

9. Tali persone, grazie alla loro abilità, potrebbero:

A. ☐ divenire ancora più ricche.
B. ☐ sospendere la loro attività in qualunque momento.
C. ☐ conquistare vasti territori.
D. ☐ diventare sovrani.

10. Che cosa la Compagnia non è autorizzata a fare?

A. ☐ Dichiararsi indipendente dalla madre patria.
B. ☐ Stipulare la pace e dichiarare la guerra.
C. ☐ Fondare colonie.
D. ☐ Ricevere sovrani di altri Paesi.

11. "Essa [...] rende giustizia" (riga 12): che cosa significa questa espressione?

A. ☐ Accorre in aiuto delle vittime delle ingiustizie.
B. ☐ Dà la giustizia a chi la chiede.
C. ☐ Restituisce i favori che le sono stati fatti.
D. ☐ Amministra la giustizia.

12. "È facile vedere da tutti questi dettagli..." (riga 15): che significato ha il termine sottolineato?

A. ☐ Motivi.
B. ☐ Cause.
C. ☐ Descrizioni.
D. ☐ Particolari.

13. Da che cosa si può dedurre che il commercio delle Indie dia immensi guadagni alla Compagnia?

A. ☐ Dal tipo di vita condotto dai suoi soci.
B. ☐ Dalla grandezza della Compagnia stessa.
C. ☐ Dal fatto che, oltre alla divisione dei guadagni che ogni anno fanno gli azionisti (cioè coloro che ne condividono il possesso), essa riesca a mantenere un enorme numero di persone, di navi e di armi.
D. ☐ Dal fatto che essa è riconosciuta in tutto il mondo.

14. La cifra annuale di tre milioni di oro:

A. ☐ comprende anche tutte le spese sostenute.
B. ☐ è netta.
C. ☐ è il guadagno di ogni socio.
D. ☐ è la somma che la Compagnia deve al sovrano.

15. Dalla lettura del documento si deduce che la Compagnia:

A. ☐ dipenda direttamente dal sovrano olandese.
B. ☐ abbia molti limiti d'azione.
C. ☐ goda di molta libertà di azione.
D. ☐ sia grande, perché è sovvenzionata dalla corona.

In questo passo, tratto dalla famosa opera illuminista l'"Enciclopedia", l'autore spiega che cosa egli intenda per "libertà". Dopo aver letto il documento, rispondi alle domande ponendo una crocetta sull'opzione corretta (una sola per domanda).

FONTE SCRITTA

Eguaglianza naturale è quella esistente tra tutti gli uomini sulla sola base della costituzione della loro natura. Questa eguaglianza è il principio e il fondamento della libertà. [...]

Poiché la natura umana è la stessa in tutti gli uomini, è chiaro che secondo il diritto naturale ognuno deve [...] trattare gli altri come esseri che gli sono naturalmente eguali, cioè che sono uomini esattamente come lui. [...] malgrado tutte le disuguaglianze prodotte nell'ordine sociale dalle differenze di condizione, dalla nobiltà, potenza, ricchezze, ecc., coloro che stanno al di sopra degli altri devono trattare i loro inferiori come loro eguali per natura, evitando di oltraggiarli, [...].

[...] la violazione di questo principio ha provocato la schiavitù politica e civile. Come conseguenza di ciò, [...] i principi, i cortigiani, i primi ministri, coloro che sono preposti alle finanze, possiedono tutte le ricchezze della nazione, mentre il resto dei cittadini ha solo il necessario, e la maggior parte del popolo geme nell'indigenza.

Tuttavia non mi si faccia il torto di supporre che [...] io approvi in uno Stato la chimera[1] dell'eguaglianza assoluta che potrebbe appena nascere in una repubblica ideale ; io parlo qui solo di eguaglianza naturale degli uomini; conosco troppo la necessità delle differenze di condizioni, di gradi, [...] che devono regnare in tutte le formazioni sociali, e aggiungo anzi che non esiste incompatibilità tra queste differenze e l'eguaglianza naturale o morale. Gli uomini nascono eguali nello stato di natura ma non vi potrebbero permanere, la società fa perdere loro l'eguaglianza, ed essi ridiventano eguali per mezzo delle leggi.

da De Jaucourt, voce dell'*Enciclopedia*, 1751-1772

1. chimera: sogno irrealizzabile

1. Perché gli uomini devono essere considerati uguali?

A. ☐ Sono fatti nello stesso modo.

B. ☐ Pagano tutti le tasse.

C. ☐ Nascono, vivono e muoiono nello stesso modo.

D. ☐ Sono tutti figli della madre Terra.

2. Qual è la conseguenza diretta di tale eguaglianza?

A. ☐ La libertà.

B. ☐ La natura.

C. ☐ La mancanza di diversità fisica.

D. ☐ La costituzione di uno Stato.

3. Pertanto, chi è socialmente superiore, deve:
A. ☐ considerarsi migliore.
B. ☐ comandare sugli inferiori.
C. ☐ lottare per mantenere la sua superiorità.
D. ☐ trattare gli altri come esseri uguali a sé.

4. "... evitando di oltraggiarli" (righe 7-8): con che cosa può essere sostituito il verbo sottolineato?
A. ☐ Superarli.
B. ☐ Lodarli eccessivamente.
C. ☐ Criticarli.
D. ☐ Offenderli.

5. Il mancato rispetto di questo principio provoca:
A. ☐ caos sociale.
B. ☐ schiavitù politica e civile.
C. ☐ barbarie.
D. ☐ lotte sociali.

6. L'ordine sociale produce:
A. ☐ tirannide.
B. ☐ confusione.
C. ☐ disuguaglianza.
D. ☐ uguaglianza.

7. ... la maggior parte del popolo geme nell'indigenza" (riga 12): che significato hanno i termini sottolineati?
A. ☐ Soffre nella povertà.
B. ☐ Piange durante la guerra.
C. ☐ Gode nell'abbondanza.
D. ☐ Soffre nella speranza.

8. Qual è l'aspetto più criticabile di tale ordine?
A. ☐ La differenza tra chi possiede tutte le ricchezze della Nazione e chi, invece, è condannato alla povertà.
B. ☐ Il fatto che chi appartiene a una classe inferiore non voglia obbedire ai superiori.
C. ☐ La possibilità di passare da una all'altra classe sociale.
D. ☐ La non possibilità di passare dall'una all'altra classe sociale.

9. L'autore dimostra di credere in una società dove esista l'uguaglianza assoluta fra gli uomini?
A. ☐ Sì e desidera contribuire a costruirla.
B. ☐ Sì e ritiene che manchi poco alla sua realizzazione.
C. ☐ No, poiché non la riterrebbe giusta.
D. ☐ No, dal momento che sarebbe solo realizzabile in una repubblica impossibile da creare.

10. Le differenze sociali ed economiche fra cittadini:

A. ☐ sono uno scandalo.

B. ☐ sono necessarie.

C. ☐ non esisteranno più in futuro.

D. ☐ sono un'invenzione.

11. Le differenze sociali e l'uguaglianza naturale, secondo l'autore, sono:

A. ☐ incompatibili.

B. ☐ compatibili.

C. ☐ una follia.

D. ☐ motivo di sconforto tra gli uomini.

12. Chi fa perdere l'uguaglianza agli uomini?

A. ☐ Le leggi.

B. ☐ La natura.

C. ☐ La società.

D. ☐ I potenti.

13. Secondo l'autore, potrebbero gli uomini permanere nello stato di natura (non unendosi cioè in società)?

A. ☐ Sì, ma con qualche ostacolo.

B. ☐ Sì, senza alcun problema.

C. ☐ Solo in qualche caso.

D. ☐ No.

14. Che cosa, invece, fa riconquistare loro l'uguaglianza?

A. ☐ La ragione.

B. ☐ Le leggi.

C. ☐ La saggezza di chi governa.

D. ☐ Le rivolte sociali.

15. Come potrebbe essere sintetizzato il pensiero dell'autore?

A. ☐ Gli uomini, nati uguali ma resi disuguali dalla società, possono riconquistare la loro uguaglianza e la loro dignità, grazie a leggi opportune.

B. ☐ Gli uomini nascono per natura diversi; tuttavia la società, grazie alle sue leggi, li rende uguali.

C. ☐ Le classi ricche hanno per natura potere e privilegi; pertanto hanno il dovere di comandare sugli altri uomini.

D. ☐ Gli uomini soffrono poiché, nati in condizioni differenti, vorrebbero che chi ha il potere riconoscesse loro l'uguaglianza.

Ti proponiamo un documento sulle condizioni di vita degli operai e sullo stato in cui versavano le città durante la Rivoluzione industriale inglese. Dopo averlo letto, rispondi alle domande ponendo una crocetta sull'opzione corretta (una sola per domanda).

FONTE SCRITTA

La classe media[1], che aveva raggiunto successo, e quelli che speravano di emularla[2], erano molto soddisfatti. Non così i poveri che lavoravano, e che [...] erano la maggioranza, il cui mondo e il cui modo di vita tradizionale la rivoluzione industriale distruggeva. [...]
Dato che gli uomini non adottavano spontaneamente le novità (del modo di produrre dell'industria) bisognò obbligarli con la disciplina e le multe, con leggi sul lavoro [...] come quella del 1823 che li minacciava di prigione in caso di rottura del contratto (ma per i padroni c'era solo la minaccia di multe), e con salari tanto bassi che soltanto una fatica dura e ininterrotta consentiva di guadagnare il denaro necessario alla sopravvivenza, senza per altro fornire loro il denaro che avrebbe permesso di tralasciare il lavoro per più del tempo da dedicare ai pasti, al sonno e, dato che la Gran Bretagna era un paese cristiano, alla preghiera nel giorno del Signore.
[...] l'attività lavorativa dell'età industriale veniva svolta sempre più nell'ambiente della grande città (una novità rispetto al passato) [...] E che città! [...] Erano coperte da una coltre di fumo e impregnate di cattivo odore, e i servizi pubblici elementari – il rifornimento di acqua, i servizi igienici, la pulizia delle strade, gli spazi aperti, e così via – non riuscivano a tenere il passo con l'immigrazione di massa nelle città, causando così, specialmente dopo il 1830, epidemie di colera, febbre tifoidea, e un numero spaventoso e costante di morti dovute ai grandi assassini delle aree urbane nel secolo XIX, la polluzione[3] dell'aria e dell'acqua che si risolveva nelle malattie respiratorie e intestinali [...].

da E.J. Hobsbawm, *La Rivoluzione industriale e l'Impero*, Einaudi, Torino 1968

1. **classe media:** piccola borghesia.
2. **emularla:** imitarla.
3. **polluzione:** inquinamento.

1. Chi, a differenza della classe media, non era soddisfatto della Rivoluzione industriale?

A. ☐ I padroni delle fabbriche.

B. ☐ Coloro che erano rimasti in campagna.

C. ☐ Gli operai.

D. ☐ Gli Stati non industrializzati.

2. La Rivoluzione industriale distruggeva:

A. ☐ la vita a cui erano abituati i poveri.

B. ☐ il mondo a causa dell'inquinamento.

C. ☐ l'esistenza della classe media.

D. ☐ il successo della maggioranza della popolazione.

3. A che cosa i poveri che lavoravano potevano talora andare incontro?

A. ☐ Al licenziamento.
B. ☐ A un premio di produzione.
C. ☐ A leggi molto dure.
D. ☐ A pericolosi incidenti.

4. Gli operai:

A. ☐ accettarono immediatamente le regole della produzione.
B. ☐ accettarono la nuova vita con qualche difficoltà.
C. ☐ furono costretti ad accettare le novità produttive.
D. ☐ non accettarono mai le nuove regole.

5. In caso di rottura del contratto:

A. ☐ il padrone veniva punito dallo Stato e costretto a riassumere l'operaio.
B. ☐ lo Stato costringeva un altro padrone ad assumere l'operaio licenziato.
C. ☐ l'operaio andava in prigione, mentre il padrone pagava una multa.
D. ☐ sia l'operaio sia il padrone pagavano multe, anche se non uguali.

6. "... salari tanto bassi <u>che</u> soltanto una fatica dura e ininterrotta ..." (riga7): con che cosa può essere sostituito il termine sottolineato?

A. ☐ Poiché.
B. ☐ Nel momento in cui.
C. ☐ Per cui.
D. ☐ Dopo che.

7. Il denaro necessario alla sopravvivenza era ottenuto:

A. ☐ con poche ore di lavoro.
B. ☐ grazie a un salario adeguato.
C. ☐ grazie a vantaggiosi contratti che gli operai potevano in qualche caso strappare.
D. ☐ rinunciando a pause di lavoro adeguate, da dedicare ai pasti e al riposo.

8. Pertanto:

A. ☐ la quantità del lavoro non corrispondeva al valore del denaro ricevuto.
B. ☐ il valore del denaro ricevuto superava la quantità di ore lavorative.
C. ☐ il denaro ricevuto era la giusta ricompensa del lavoro effettuato.
D. ☐ la quantità di ore lavorative era remunerata sulla base della precisione del lavoro svolto.

9. L'attività lavorativa era svolta:

A. ☐ nei villaggi.
B. ☐ presso le dimore degli operai.
C. ☐ ovunque.
D. ☐ nelle città.

10. Ciò rappresentava:

A. ☐ una novità rispetto al passato.
B. ☐ la continuazione di una tradizione.
C. ☐ un esperimento presto chiuso.
D. ☐ un serio rischio.

11. Gli spostamenti di persone verso le città erano:

A. ☐ di massa.
B. ☐ rari.
C. ☐ ragguardevoli.
D. ☐ un'eccezione.

12. Questo fenomeno causò:

A. ☐ l'ingrandimento dei centri urbani.
B. ☐ l'aumento di ricchezza.
C. ☐ il rimpicciolimento dei centri urbani.
D. ☐ epidemie di vario tipo.

13. Qual era la caratteristica costante e più evidente delle città?

A. ☐ Erano prive di servizi pubblici.
B. ☐ Erano avvolte dal fumo e impregnate dal cattivo odore.
C. ☐ Si espandevano senza un piano regolatore.
D. ☐ Mancavano di sufficienti spazi verdi.

14. Una delle cause delle numerosissime morti era rappresentata da:

A. ☐ l'opera di grandi assassini.
B. ☐ la mancanza di latte.
C. ☐ l'alcolismo.
D. ☐ il suicidio.

15. L'inquinamento dell'aria e dell'acqua produceva inoltre:

A. ☐ allergie di vario tipo.
B. ☐ malformazioni dei nascituri.
C. ☐ malattie dell'apparato respiratorio e degli intestini.
D. ☐ casi di follia collettiva.

Nel testo seguente uno storico a noi contemporaneo illustra caratteristiche e scopi della "Milizia volontaria per la sicurezza nazionale" fascista. Dopo averlo letto, rispondi alle domande ponendo una crocetta sull'opzione corretta (una sola per domanda).

FONTE SCRITTA

Il governo italiano, per il mantenimento dell'ordine pubblico, può disporre di 15.000 agenti di polizia, 60.000 carabinieri e 265.000 uomini della «milizia volontaria per la sicurezza nazionale».

[...] I membri di questa nuova forza prestavano giuramento di fedeltà a Mussolini personalmente; gli ufficiali erano fascisti che avevano avuto una parte di rilievo nelle spedizioni punitive prima della marcia su Roma; solo i fascisti erano ammessi nelle sue file. Spesso gli ufficiali della «milizia» erano membri dei comitati dei Fasci, sezioni locali del Partito Fascista.

La «milizia» si autodefinisce come un «superfascismo». Armata, equipaggiata e mantenuta a spese dei contribuenti, ma messa a completa disposizione del presidente del Consiglio, essa è la vera spina dorsale del Partito Fascista. [...]

La milizia ha due funzioni: la prima, legale ed ufficiale, è di aiutare la polizia e i carabinieri al mantenimento dell'ordine pubblico; la seconda, semiufficiale ed illegale, è di soffocare «ad ogni costo», come dice Mussolini, qualsiasi opposizione alla dittatura.

Quando la milizia svolge servizio regolare o partecipa a cerimonie ufficiali, i suoi membri indossano l'uniforme; ma quando sono intenti a incendiare, bastonare, uccidere, le uniformi sono lasciate a casa. Allora essi non sono più «militi» (membri della milizia), ma «squadristi», membri delle «squadre».

da G. Salvemini, *Scritti sul fascismo*, Feltrinelli, Milano 1961

1. Di quanti uomini disponeva in totale il governo italiano per il mantenimento dell'ordine pubblico?

A. ☐ Circa 265 mila.
B. ☐ Circa 60 mila.
C. ☐ Circa 340 mila.
D. ☐ Circa 15 mila.

2. Tra questi i più numerosi erano gli appartenenti:

A. ☐ ai carabinieri.
B. ☐ agli agenti di polizia.
C. ☐ alla milizia volontaria.
D. ☐ a nessun corpo, in quanto tutti disponevano dello stesso numero di uomini.

3. La milizia volontaria rappresentava:

A. ☐ una forza già esistente in passato.
B. ☐ una novità.
C. ☐ un modo per diminuire il lavoro di polizia e carabinieri.
D. ☐ un modo per dare lavoro ai disoccupati.

4. Gli uomini della milizia volontaria erano:

A. ☐ tutti fascisti.

B. ☐ quasi del tutto fascisti.

C. ☐ raramente fascisti.

D. ☐ in minima parte fascisti.

5. Per appartenere alla milizia volontaria era necessario:

A. ☐ avere un fisico sano.

B. ☐ giurare fedeltà a Mussolini.

C. ☐ avere in precedenza compiuto atti di eroismo.

D. ☐ essere figli di fascisti.

6. Gli ufficiali, in modo particolare:

A. ☐ venivano dal mondo operaio e contadino.

B. ☐ avevano guadagnato in passato medaglie al valore.

C. ☐ avevano partecipato a spedizioni punitive contro gli oppositori.

D. ☐ erano particolarmente coraggiosi.

7. La milizia vedeva se stessa come:

A. ☐ un livello superiore del fascismo.

B. ☐ una parte del fascismo.

C. ☐ uno strumento per difendere il fascismo.

D. ☐ un aiuto marginale al fascismo.

8. Chi manteneva la milizia?

A. ☐ Si manteneva da sola.

B. ☐ I contribuenti, cioè tutta la società.

C. ☐ Il partito.

D. ☐ I donatori volontari.

9. La funzione legale della milizia era:

A. ☐ soccorrere i bisognosi.

B. ☐ aiutare polizia e carabinieri.

C. ☐ soddisfare le esigenze dei cittadini.

D. ☐ coordinare le attività del partito.

10. La funzione illegale consisteva:

A. ☐ nel procurare soldi per il governo.
B. ☐ nello spiare le mosse dei nemici politici.
C. ☐ nell'organizzare brogli durante le elezioni politiche.
D. ☐ nel soffocare con la violenza ogni atto di opposizione al regime.

11. Perché la milizia era la "vera spina dorsale del Partito Fascista"?

A. ☐ Era amata dai cittadini.
B. ☐ Era a completa disposizione di Mussolini.
C. ☐ Era ben armata.
D. ☐ Era l'unica forza in grado di mantenere l'ordine.

12. Che differenza c'era tra militi e squadristi?

A. ☐ Erano due diverse organizzazioni armate.
B. ☐ I militi erano armati, gli squadristi no.
C. ☐ Gli squadristi erano armati, i militi no.
D. ☐ Si trattava delle stesse persone, che talora partecipavano a cerimonie ufficiali con la divisa, altre volte compivano azioni illegali privi di divisa.

13. "... soffocare "ad ogni costo", come dice Mussolini..." (righe 13-14): che cosa significa l'espressione "ad ogni costo"?

A. ☐ Anche se sono necessari molti soldi.
B. ☐ Anche con la violenza.
C. ☐ Con l'accordo di ogni milite.
D. ☐ Con l'accordo di ogni cittadino.

14. Le azioni degli squadristi erano:

A. ☐ per lo più pacifiche.
B. ☐ sempre molto violente.
C. ☐ violente solo in casi eccezionali.
D. ☐ finalizzate a manifestazioni sportive.

15. Dal documento si capisce che l'autore:

A. ☐ è a favore del fascismo.
B. ☐ è contro il fascismo.
C. ☐ è parzialmente contrario al fascismo.
D. ☐ non fa trasparire il suo punto di vista.

In questo documento del 1937, Hitler illustra i suoi piani futuri. Dopo averlo letto, rispondi alle domande ponendo una crocetta sull'opzione corretta (una sola per domanda).

FONTE SCRITTA

Per risolvere la questione tedesca c'è soltanto la via della forza e questa non sarà mai senza rischi. [...]

Nel periodo 1943-1945 l'armamento dell'esercito, della marina da guerra e dell'aviazione e la formazione del corpo degli ufficiali saranno prossimi alla conclusione. Le attrezzature e il materiale bellico saranno moderni, ma se l'attesa sarà protratta si andrà incontro al pericolo del loro invecchiamento. In particolare non è possibile tenere per sempre segreta l'esistenza di «armi speciali». [...]

In ogni caso, se la situazione volge verso la guerra, per migliorare la nostra situazione politico-militare, il nostro primo obiettivo deve essere quello di sbaragliare simultaneamente Cecoslovacchia e Austria, per metterci definitivamente al sicuro da una minaccia alle spalle nel caso di un'eventuale azione verso Occidente.

[...] L'incorporazione alla Germania dei due stati significa, sotto il profilo politico-militare, un sostanziale alleggerimento dei nostri oneri, in seguito all'accorciamento e al miglioramento del tracciato di frontiera, alla disponibilità di forze armate per altri obiettivi ed alla possibilità di allestire nuove truppe sino ad un ammontare di circa 12 divisioni, vale a dire una nuova divisione per ogni milione di abitanti. [...]

Decisiva per l'atteggiamento della Polonia sarà la misura di sorpresa e di rapidità che svilupperà la nostra azione. Contro una Germania vittoriosa, la Polonia – con la Russia alle spalle – sarà poco incline ad entrare in guerra.

Dalla relazione di Hitler ai capi militari del Reich, 5 novembre 1937,
in A.A.V.V. *Schede di lavoro storico*, vol. III, La Nuova Italia

1. Dal documento appare chiaro che Hitler nel 1937 ritenesse che la guerra sarebbe scoppiata:

A. ☐ prima del 1943.
B. ☐ oltre il 1945.
C. ☐ al massimo nel 1945.
D. ☐ in una remota eventualità.

2. Infatti:

A. ☐ stava lavorando a trattative di pace.
B. ☐ oltre quel limite gli armamenti sarebbero divenuti vecchi.
C. ☐ solo in quel momento le truppe sarebbero state sufficientemente pronte.
D. ☐ prima di quel periodo non ci sarebbero stati soldati sufficienti.

3. "... se l'attesa sarà protratta ..." (riga 5): con che cosa può essere sostituito il verbo sottolineato?

A. ☐ Sarà sostituita.
B. ☐ Sarà interrotta.
C. ☐ Sarà prolungata.
D. ☐ Sarà resa più breve.

4. A proposito delle "armi speciali":

A. ☐ in troppi ne erano a conoscenza.
B. ☐ non erano ancora pronte.
C. ☐ erano possedute solo dal nemico.
D. ☐ temeva che fossero scoperte.

5. Quale sarebbe stato, secondo Hitler, il primo obiettivo da perseguire in caso di guerra?

A. ☐ Ottenere l'alleanza di Cecoslovacchia e Austria.
B. ☐ Sconfiggere Cecoslovacchia e Austria.
C. ☐ Allearsi con l'Occidente contro Cecoslovacchia e Austria.
D. ☐ Combattere sia contro l'Occidente sia contro l'Austria e la Cecoslovacchia.

6. Bisognava perseguire tale obiettivo perché in questo modo la Germania:

A. ☐ avrebbe avuto le spalle al sicuro.
B. ☐ avrebbe potuto presentarsi in Occidente come una superpotenza.
C. ☐ avrebbe avuto una maggiore possibilità di allearsi con l'Occidente.
D. ☐ avrebbe potuto iniziare la sua penetrazione in Oriente.

7. L'azione bellica contro l'Occidente era considerata:

A. ☐ certa.
B. ☐ eventuale.
C. ☐ impossibile.
D. ☐ improrogabile.

8. Austria e Cecoslovacchia avrebbero dovuto essere:

A. ☐ incorporate alla Germania.
B. ☐ unite in un unico Stato.
C. ☐ frazionate in tanti staterelli.
D. ☐ unite all'Occidente.

9. In questo modo questi Stati avrebbero:

A. ☐ messo a disposizione le loro truppe.
B. ☐ reso possibile il rifornimento di materie prime necessarie.
C. ☐ reso possibile lo spostamento di truppe tedesche da quella ad altre frontiere.
D. ☐ realizzato un vecchio progetto storico.

10. **"... un sostanziale alleggerimento dei nostri oneri" (riga 13): da che cosa può essere sostituito il sostantivo sottolineato?**

A. ☐ Speranze.
B. ☐ Truppe.
C. ☐ Impegni.
D. ☐ Conseguenze.

11. **La prevista riorganizzazione delle truppe avrebbe reso possibile:**

A. ☐ diminuire il numero di divisioni.
B. ☐ aumentare il numero di divisioni.
C. ☐ dare più armi alle divisioni.
D. ☐ addestrare meglio le divisioni.

12. **Che cosa avrebbe dovuto fare la Germania per un'azione proficua nei confronti della Polonia?**

A. ☐ Mettere in atto strategie diplomatiche.
B. ☐ Ottenere il benestare dal suo governo.
C. ☐ Agire con rapidità.
D. ☐ Stipulare un trattato di non aggressione.

13. **Perché in questo modo la Polonia probabilmente non sarebbe entrata in guerra?**

A. ☐ Non avrebbe saputo con chi allearsi.
B. ☐ Avrebbe ottenuto ciò che voleva senza partecipare a un conflitto.
C. ☐ Aveva un esercito impreparato.
D. ☐ Si sarebbe venuta a trovare "stretta" tra due potenze e quindi impossibilitata ad agire.

14. **"... sarà poco incline ad entrare in guerra" (righe 18-19): quale significato ha l'aggettivo sottolineato?**

A. ☐ Convinta.
B. ☐ Dissuasa.
C. ☐ Favorevole.
D. ☐ Sfavorevole.

15. **In sintesi, Hitler desidera:**

A. ☐ entrare presto in guerra, approfittando della modernità dei suoi armamenti e della forza del suo esercito e, dopo aver sconfitto Austria e Cecoslovacchia, rivolgere la sua azione a Occidente.
B. ☐ aspettare di entrare in guerra per assicurarsi che Austria e Cecoslovacchia non intervengano, soprattutto nel momento in cui la Germania attaccherà la Polonia.
C. ☐ allearsi con i paesi occidentali, al fine di far fronte comune contro Austria, Cecoslovacchia ed, eventualmente, Polonia.
D. ☐ non entrare in guerra.

Il 2 giugno 1946, giorno in cui il popolo italiano fu chiamato alle urne per esprimersi nel referendum istituzionale, scegliendo tra Monarchia e Repubblica, fu una data molto importante per il nostro paese. Proponiamo qui di seguito il testo di un manifesto di propaganda monarchico e uno stralcio della testimonianza di Leo Valiani, parlamentare all'Assemblea Costituente.

FONTE SCRITTA

[Sono monarchico] perché l'unità della penisola si è potuta avere soltanto con l'iniziativa monarchica della dinastia Sabauda.
Perché ho la convinzione che al momento attuale, con le difficoltà che accompagnano la difficile opera di ricostruzione spirituale e materiale del Paese, la Monarchia, quale elemento insostituibile di stabilità e d'ordine, abbia ancora una funzione vitale ad assolvere.
Perché la Monarchia, ponendo a capo dello Stato un uomo che per definizione è al disopra e al difuori di tutti i partiti, è in grado di meglio garantire l'effettiva indipendenza del Paese da ogni influenza straniera e di difendere efficacemente le libertà costituzionali, mentre un Presidente della Repubblica sarà sempre uomo di parte e potrebbe portare la nazione verso ordinamenti politici e sociali diretti in un secondo tempo ad instaurare una dittatura.

da A.A.V.V. *Schede di lavoro storico*, Vol. 3, La Nuova Italia

FONTE SCRITTA

Per me la nascita della Repubblica è indissolubilmente legata all'insurrezione popolare del 25 aprile 1945. Sapevo naturalmente che al momento della scelta fra Monarchia e Repubblica gli elettori sarebbero stati liberi di votare come volevano. Ma non riuscivo a credere che la maggioranza del paese avrebbe sconfessato il significato profondamente antifascista della Resistenza e dell'insurrezione.
La Monarchia aveva avallato le leggi liberticide di vent'anni di dittatura e le sciagurate dichiarazioni di guerra di Mussolini, che senza la firma del re non avrebbero avuto validità legale. L'eliminazione insurrezionale del fascismo, e la fucilazione di Mussolini e dei gerarchi, rendevano moralmente impossibile la permanenza al trono della dinastia che del regime fascista era stata a lungo corresponsabile.
Nelle regioni che, per essere state liberate dagli anglo-americani sin dall'autunno 1943, non avevano conosciuto, se non per brevi episodi, la Resistenza, la Monarchia poteva riscuotere, e di fatto riscosse, più suffragi della Repubblica, che rappresentava un'incognita. Questa non era, però, la situazione della maggior parte d'Italia, che aveva vissuto il dramma e le speranze della guerra partigiana.

testimonianza di Leo Valiani, parlamentare all'Assemblea Costituente

1. Il primo documento di propaganda sostiene la necessità di essere monarchici, poiché:

A. ☐ l'unità d'Italia è stata attuata grazie alla Monarchia, che può ancora avere un importante ruolo nella ricostruzione del paese.

B. ☐ la Monarchia affronterà con difficoltà la ricostruzione del paese.

C. ☐ la Monarchia è messa in pericolo dalle difficoltà del paese

D. ☐ la monarchia è l'unica forma di governo possibile.

2. **"perché la Monarchia ponendo a capo dello Stato un uomo che per definizione ..." (riga 6): con che cosa può essere sostituito il gerundio sottolineato? (Primo documento)**

A. ☐ Giacché porrà.
B. ☐ Nonostante abbia posto.
C. ☐ Nel momento in cui porrà.
D. ☐ Quando ha posto.

3. **Che differenza c'è, secondo il manifesto, tra un monarca e un presidente della Repubblica?**

A. ☐ Il monarca ha una tradizione storica alle spalle, il presidente no.
B. ☐ Il monarca ha permesso l'unificazione della Penisola, il presidente no.
C. ☐ Il presidente non conosce l'Italia quanto il re.
D. ☐ Il re è al di sopra di tutti i partiti, mentre il presidente appartiene a una precisa parte politica.

4. **In conseguenza di ciò:**

A. ☐ il re può meglio rappresentare l'Italia all'estero.
B. ☐ il presidente può meglio rappresentare l'Italia all'estero.
C. ☐ il monarca può meglio difendere il paese da influenze straniere.
D. ☐ il monarca potrebbe accordarsi con paesi stranieri.

5. **Che cosa potrebbe giungere a fare in un secondo tempo il presidente della Repubblica?**

A. ☐ Farsi nominare re.
B. ☐ Instaurare una dittatura.
C. ☐ Dividere il paese.
D. ☐ Cambiare la Costituzione.

6. **In sintesi, il manifesto a favore della Monarchia:**

A. ☐ sosteneva la pericolosità e l'inopportunità di una scelta diversa.
B. ☐ minacciava chiaramente chi avesse votato per la Repubblica.
C. ☐ rimpiangeva il regime fascista.
D. ☐ dimostrava che i paesi a regime monarchico erano i più avanzati.

7. **Valiani, autore del secondo documento, non poteva credere che la maggioranza degli Italiani avrebbe votato per la Monarchia perché:**

A. ☐ in questo modo gli Italiani non avrebbero riconosciuto il significato antifascista della Resistenza.
B. ☐ non erano liberi di scegliere.
C. ☐ l'insurrezione del 25 aprile era stata fatta in nome degli ideali monarchici.
D. ☐ sperava con tutto se stesso che ciò non sarebbe avvenuto, anche se lo temeva.

8. **"La monarchia aveva avallato le leggi liberticide..." (riga 6): che cosa significa questa frase presente nel secondo documento? La Monarchia aveva:**

A. ☐ contrastato le leggi a favore della libertà.
B. ☐ favorito leggi che garantissero libertà ai cittadini.
C. ☐ permesso che venissero promulgate leggi che uccidevano la libertà.
D. ☐ proposto leggi poco liberali.

9. Infatti:

A. ☐ il re e Mussolini erano in contrasto.
B. ☐ senza la firma del re le leggi non avrebbero potuto entrare in vigore.
C. ☐ il re aveva fatto in modo che le leggi non avessero validità legale.
D. ☐ Mussolini aveva proposto solo leggi che rispettassero la legalità.

10. Secondo Valiani, il fatto che ci fosse stata un'insurrezione contro il fascismo:

A. ☐ rendeva più facile la salvezza della Monarchia.
B. ☐ faceva pensare che il fascismo sarebbe rinato in modo diverso.
C. ☐ rendeva sperabile la fine del disordine sociale.
D. ☐ rendeva impossibile che gli Italiani votassero a favore della Monarchia, che aveva in precedenza sostenuto il regime fascista.

11. In quali regioni sarebbe stato più facile il successo elettorale della Monarchia?

A. ☐ In quelle del Nord, poiché lì era nata la dinastia sabauda.
B. ☐ In quelle che, essendo state liberate dagli Alleati, non avevano conosciuto la Resistenza.
C. ☐ In quelle visitate in precedenza dal re.
D. ☐ Nelle regioni che avevano supportato il fascismo.

12. Ciò di fatto accadde perché, in queste regioni:

A. ☐ la Repubblica rappresentava un'incognita.
B. ☐ si riteneva che la Repubblica fosse stata responsabile del fascismo.
C. ☐ si riteneva che la Monarchia fosse stata responsabile del fascismo.
D. ☐ la Monarchia rappresentava un'incognita.

13. Il dramma della guerra partigiana e le speranze che essa portava con sé erano stati vissuti in Italia:

A. ☐ solo da una minoranza.
B. ☐ da tutti.
C. ☐ da nessuno.
D. ☐ dalla maggior parte della popolazione.

14. "... e di fatto riscosse più suffragi..." (riga 13): con che cosa può essere sostituito il sostantivo sottolineato? (Secondo documento).

A. ☐ Riconoscimenti.
B. ☐ Critiche.
C. ☐ Voti.
D. ☐ Preghiere.

15. In sintesi, Valiani sostiene che la scelta referendaria degli Italiani sia stata:

A. ☐ una sorpresa, poiché egli era certo che la maggior parte avrebbe scelto la Monarchia, più conosciuta.
B. ☐ solo una speranza, poiché gli Italiani non amavano le incertezze e le incognite.
C. ☐ una logica conseguenza sia delle gravi responsabilità che la Monarchia aveva avuto durante il fascismo, sia dell'insurrezione antifascista del 25 aprile.
D. ☐ fino all'ultimo una vera e propria incognita, visto che le forze in campo apparivano paritarie.